KB220880

기도 많이
걱정 조금

기도 많이
걱정 조금

근심걱정이 찾아들 때
힘이 되는
181가지 말씀 묵상

WORRY LESS, PRAY MORE

도나 K. 말티즈 지음
보배그릇 옮김

사자와 어린양

일러두기 ───────

본문에 인용한 성경 구절은 기본적으로 대한성서공회에서 펴낸 개역개정판을 따랐으며, 다른 번역본을 인용한 경우 따로 표기했습니다. AMPC, ESV, NLT 성경은 역자가 우리말로 옮겼고, 《메시지》와 《필립스 신약 성경》은 복있는사람과 아바서원의 허락을 받고 사용했습니다.

- 메시지: 유진 피터슨, 《메시지》(복있는사람), 2017.
- 필립스: J. B. 《필립스 신약 성경》(아바서원), 2020.
- 현대인의성경: 《현대인의성경》(생명의말씀사), 1985.
- 새번역: 《성경전서 새번역》(대한성서공회), 2001.
- AMPC: Amplified Bible, Classic Edition.
- ESV: Holy Bible, English Standard Version.
- NLT: Holy Bible, New Living Translation.

우리의 시선으로 문제를 바라보면 낙심과 근심으로 가득 참니다. 극복할 수 없어 보이기 때문입니다. 걱정과 염려가 찾아들면 이 문제를 하나님께 건네야 합니다. 걱정을 다룰 수 있는 모든 능력과 힘과 지혜가 하나님께 있기 때문입니다. 하나님은 우리가 한 번도 생각해 본 적 없는 해결책을 마련해 주실 것입니다. 그분은 우리의 상황을 선하게 바꾸어 주십니다.

덜 걱정하고 더 기도할 것을 상기시켜 주려고 사도 바울은 이렇게 썼습니다.

"아무것도 염려하지 말고 다만 모든 일에 기도와 간구로, 너희 구할 것을 감사함으로 하나님께 아뢰라. 그리하면 모든 지각에 뛰어난 하나님의 평강이 그리스도 예수 안에서 너희 마음과 생각을 지키시리라"(빌립보서 4:6-7).

오늘을 사는 여성들은 이 책에서 181가지 성경 구절과 묵상을 만날 것입니다. 문제해결에 능하신 장인(master)께 근심걱정을 맡기는 태도를 배우고, 기도의 능력을 쌓고, 근심걱정으로부터 자유로운 삶을 살도록 돕기 위한 구성입니다.

하나님의 평온함과 풍성한 공급을 향한 길을 찾기 원한다면, 이 책으로 들어오십시오.

내가 산을 향하여 눈을 들리라. 나의 도움이 어디서 올까. 나의 도움은 천지를 지으신 여호와에게서로다. … 여호와께서 너를 지켜 모든 환난을 면하게 하시며 또 네 영혼을 지키시리로다. 여호와께서 너의 출입을 지금부터 영원까지 지키시리로다. (시편 121:1-2, 7-8)

경호대장이 하루 종일 당신 곁에 있다고 상상해 보십시오. 전지전능한 존재 말입니다. 미래와 현재, 과거를 볼 수 있고, 잠도 안 자고 깜빡 졸지도 않는 존재. 한낮의 태양으로부터 피부가 그을리지 않게 지켜 주고, 밤에는 달그림자에 넘어지지 않도록 지켜 주는 존재. 길을 갈 때 모든 해로운 것으로부터 보호하며 손을 꼭 잡아 주는 그런 존재. 놀랍게도 그런 경호대장이 당신 곁에 있습니다. 그분은 하나님! 하나님은 모든 도움이며 보호자입니다. 그런 분을 곁에 두고서 왜 걱정하고 있나요? 우주를 창조하신 분이 당신을 지키고, 그분의 장엄한 임재와 능력이 당신을 감싸고 있습니다. 그러니 하늘에 있는 것이든 땅에 있는 것이든 그 어떤 것도 당신을 건드릴 수 없습니다!

주님께서 저와 항상 함께하시며 모든 해를 막아 주심을 알기에 저는 걱정하지 않습니다. 주무시지도 않고 저를 보호해 주셔서 감사합니다.

< 평온함 기르기 >

나는 발을 땅에 디디고 마음을 고요히 다잡으며 살았습니다. 엄마 품에 안긴 아기가 만족하듯 내 영혼 만족합니다.

(시편 131:2, 메시지)

시편 131편은 다윗 왕이 썼습니다. 다윗은 하나님을 신뢰하도록, 모든 것을 하나님 손에 맡기도록 자신을 훈련해 왔습니다. 그는 하나님을 자기 인생에 선과 정의를 이루시고 늘 존재하는 강력하고 든든한 힘으로 보았습니다.

그런 이유로 다윗은 "나의 영혼이 잠잠히 하나님만 바람이여"(시편 62:1)라고 고백할 수 있었습니다. 그는 자신의 구원을 위해 사람이나 힘센 말(horse), 도구, 무기, 돈과 같은 외부의 다른 영향력 있는 것들을 구하지 않았습니다. 그리고 확신을 더하기 위해 자신의 영혼에게 말을 걸었습니다. "나의 영혼아, 잠잠히 하나님만 바라라. 무릇 나의 소망이 그로부터 나오는도다. 오직 그만이 나의 반석이시요 나의 구원이시요 나의 요새이시니 내가 흔들리지 아니하리로다"(시편 62:5-6).

다윗처럼 하나님을 유일한 반석이요 요새로 여길 때 우리 또한 고요한 내면을 이루고 영혼의 평온함을 지킬 수 있습니다. 하나님께 기도드리고 자신에게 상기시켜 주세요. 오직 그분만이 앞에 놓인 모든 문제를 다스릴 수 있다고요.

오직 주님만이 저의 구원이십니다. 내 영혼아 고요하여라. 내 마음아 만족하여라.

기쁨을 주고 기쁨을 얻는 일

…구원받은 자의 삶을 힘차게 살고, 하나님 앞에서 경건하고 민감하게 반응하십시오. 그 힘이야말로 하나님이 주시는 힘이고, 여러분 안에 깊이 자리한 힘입니다. 하나님은 자기를 가장 기쁘시게 할 만한 일을 바라시고 행하시는 분입니다. (빌립보서 2:12-13, 메시지)

걱정은 모든 에너지를 앗아갑니다. 힘을 소진케 해 하나님의 복을 보는 시야를 매우 흐리게 하고, 하나님의 부르심을 감당할 능력을 아주 약하게 만듭니다.

사랑하는 자매여, 하나님은 당신이 평생을 맥 빠진 채 살아가길 바라고 구원하신 게 아닙니다. 하나님은 당신이 힘차고 한결같고 안정되기를 바라십니다. 그러니 염려와 지레짐작한 걱정거리들을 하나님께 말씀드리세요. 내면을 깊이 들여다보며, 기력을 북돋워 걱정이 사라지게 힘을 주시는 하나님의 임재를 느껴 보세요. 눈을 떴을 때, 하나님께서 당신 앞에 두신 멋진 임무와 축복을 누리실 수 있을 것입니다. 문제들을 내려놓고 하나님의 능력을 붙들수록, 하나님을 기쁘시게 하고 당신을 기쁘게 할 수 있습니다.

주님을 깊이 묵상하면서 제게 있는 근심들을 털어 내고 주님의 놀라우신 능력을 경험합니다. 이 얼마나 즐거운 일인지요!

사드락과 메삭과 아벳느고가 느부갓네살 왕에게 대답했다. "…왕께서 저희를 불 속에 던지신다고 해도, 저희가 섬기는 하나님은 왕의 불타는 화덕에서, 아니 그보다 더한 불구덩이에서도 능히 저희를 구하실 수 있습니다. 그분이 그렇게 하지 않으신다고 해도, 왕이시여, 저희에게 달라질 것은 아무것도 없습니다. 저희는 왕의 신들을 섬기지 않을 것이며, 왕께서 세우신 금 신상에 절하지도 않을 것입니다." (다니엘 3:16-18, 메시지)

사드락, 메삭, 아벳느고가 느부갓네살 왕이 명한 우상 숭배를 거절하자 왕은 불타는 화덕에 던지겠다고 위협합니다. 그러나 세 사람은 평안을 앗아갈 그 제안을 거부했습니다. 그들은 하나님께서 자신들을 건져 내실 것을 알았습니다. 물론 그렇게 하지 않으신다고 해도 괜찮았습니다. 워렌 위어스비 목사님은 이렇게 썼습니다. "우리는 하나님께서 '상황'을 바꿔 주시기를 바라기 쉽습니다. 그러나 그분은 우리의 '성품'을 바꾸길 원하십니다. 우리는 평안이 밖에서 안으로 온다고 생각하지만 평안은 안에서 밖으로 나오는 것입니다." 상황이 어떠하든지, 두려움과 걱정이 제어하지 못하게 하십시오. 믿음과 평안을 지키십시오. 불 속을 걸어야 할 수도 있지만 그리스도께서 그곳에 함께 계실 것입니다. 당신은 해를 입지 않고 나올 것입니다! (다니엘 3:25-29)

주님, 제가 여기 있습니다. 주님이 주시는 영원한 평안을 붙들겠습니다.

여호와께서 집을 세우지 아니하시면 세우는 자의 수고가 헛되며 여호와께서 성을 지키지 아니하시면 파수꾼의 깨어 있음이 헛되도다. 너희가 일찍이 일어나고 늦게 누우며 수고의 떡을 먹음이 헛되도다. 그러므로 여호와께서 그의 사랑하시는 자에게는 잠을 주시는도다. (시편 127:1-2)

하나님은 그분의 딸들이 쓸모 있는 사람이 되기를 원하십니다. 직장 일이나 사역을 할 때에 하나님께서 주시는 복이 없다면 모든 노력이 무용지물일 것입니다. 하나님께서 돕지 않으시면 근심어린 수고의 떡을 먹고 뼈 빠지게 일하다가 지쳐 버릴 것입니다.

걱정으로부터 자유롭게 살고 일하려면 하나님께 물으십시오. 내게 주신 은사들을 어떻게 사용하기 원하시는지를. 그런 다음 하나님의 인도하심을 따라 그분이 이끄시는 일과 사역을 맡아 보십시오.

하나님께서 베푸신 공간으로 들어갔다면, 수고하는 모든 순간으로 하나님을 초대하십시오. 열심히 노력하고 결과는 하나님 손에 맡기십시오. 평안과 쉼을 누릴 것입니다. 하나님께서 사랑하는 자들에게 기꺼이 주고 싶어 하고 주실 수 있는 그 평안과 쉼을요.

주님, 나의 사랑이시며 공급자 되시는 하나님 안에서 안식을 누립니다.

슬프도소이다, 주 여호와여. 주께서 큰 능력과 펴신 팔로 천지를 지으셨사오니 주에게는 할 수 없는 일이 없으시니이다. (예레미야 32:17)

많은 것들이 '잘' 진행되고 있는데도 잘못되고 있는 한 가지 때문에 삶에 그림자가 드리워지는 날이 있을 것입니다. 그럴 땐 하나님께 이 상황을 나아지게 해주실 생각이 있으신지, 엉망진창인 처지에서 나를 꺼내 주실 힘이나 방안이 있기나 하신 건지 질문하기 시작합니다. 그런데 바로 그때가 '잘' 되고 있는 것들에 집중할 때입니다. 하나님께서 행하셨고, 행하시는 중이며, 행하실 모든 놀라운 것들을 바라보아야 합니다. 어떠한 불운이나 실수나 어둠도 그분이 옳은 것, 맞는 것, 밝은 그 무엇으로 바꾸시리라는 것을 신뢰하십시오.

당신도 알다시피, 하나님께는 무슨 일이든 그리 어렵지 않습니다. 그분은 무엇이든 하실 수 있으니 하나님을 믿고 두려움에 휩싸이지 마십시오. 단순하게 기도드리고, 모든 것을 하나님의 전능하신 손에 맡기기를 소망합니다.

하나님께는 아무것도 어렵지 않다는 것을 기억나게 해주셔서 감사합니다. 모든 것을 주님께서 바로잡으실 것을 알고 하나님께 맡깁니다.

여호와를 의지하는 자는 시온 산이 흔들리지 아니하고 영원히 있음 같도다. 산들이 예루살렘을 두름과 같이 여호와께서 그의 백성을 지금부터 영원까지 두르시리로다. (시편 125:1-2)

때때로 걱정이 당신의 발끝까지 덜덜 떨게 할 수 있습니다. 하지만 하나님은 당신이 그분을 신뢰할 때 '결코' 흔들리지 않는다는 것을 당신이 알기 원하십니다. 그러니 그분의 능력을 의지해 굳게 서십시오. 하나님께서는 우리가 생각해 본 적조차 없는 훨씬 나은 해결책이 있음을, 이미 우리를 위하여 일하고 계심을 확신하며 기대하십시오.

실제로 산들을 창조하신 하나님께 모든 신뢰, 희망, 확신을 둘 때 우리를 둘러싼 그분의 놀라우신 임재가 느껴지기 시작합니다. 아울러 당신과 앞서간 모든 이를 위해 행하신 일들이 기억납니다. 이것을 알 때 높은 산에서도 무서워 떨지 않고 확신을 갖고 암사슴처럼 맨발로도 걸을 것입니다(시편 18:33).

주님을 신뢰합니다. 주님을 신뢰할 때 저를 둘러싼 하나님의 능력과 임재가 저를 굳건히 걷게 하실 것입니다.

그러므로 계속 '무엇을 먹지, 무엇을 마시지, 무엇을 입지'
라며 걱정하지 마십시오. 이교도들이나 늘 그런 걱정을 합
니다. 하늘에 계신 여러분의 아버지께서는 여러분이 먹고
마시고 입어야 하는 줄 잘 아십니다. 하나님의 나라와 하나
님의 선함에 먼저 마음을 두십시오. 그러면 이 모든 것들이
당연히 여러분에게 갈 것입니다. (마태복음 6:31-33, 필립스)

빌립보서의 저자 사도 바울이 걱정 대신 기도를 하라는 내용(빌립보서
4:6-7)을 처음으로 생각해 낸 것은 아닙니다. 그 말씀을 먼저 하신 이
는 예수님입니다!
예수님은 먼저 제자들에게 어떻게 기도해야 하는지 가르치셨습니다.
그리고 말씀하셨습니다. "너희들의 인생에 대해 계속 불안해하는 것
을 멈추어라"(마태복음 6:25, AMPC). 그러니 무엇을 먹고 마시고 입을지
걱정하지 마십시오. 걱정한다고 해서 더 나아지지 않습니다. 하나님
은 당신이 무엇을 필요로 하는지 아십니다.
먼저 해야 할 일은 다른 무엇, 그 누구보다도 하나님을 찾는 것입니
다. 하나님을 찾으면 '받으리라'는 것을 알고 믿으면서 말입니다.

저의 염려들을 주님 손에 내어 드리는 길을 찾도록 도와주십시오. 제가 길을
찾지 못할 때 주님이 찾아 주실 것을 믿습니다!

예수께서 한 곳에서 기도하시고 마치시매 제자 중 하나가
여짜오되 "주여, 요한이 자기 제자들에게 기도를 가르친 것
과 같이 우리에게도 가르쳐 주옵소서." 예수께서 이르시되
"너희는 기도할 때에 이렇게 하라. '아버지여, 이름이 거룩
히 여김을 받으시오며 나라가 임하시오며.'" (누가복음 11:1-2)

제자들은 예수님이 그들 앞에서 보이신 능력과 기쁨과 지혜를 목격
했습니다. 또한 기도하러 홀로 떠나시는 것도 보았습니다. 그래서 한
제자가 요청했습니다. "주여, 우리에게도 [기도하는 것을] 가르쳐 주
옵소서."

예수님과 제자들의 대화에서 볼 수 있듯이, 기도가 걱정의 해결책임
이 분명합니다. 기도에 강한 사람일수록 염려의 부담이 덜합니다.

기도를 배울 의지와 자격이 있는 학생으로서 오늘 예수님께 나아가
십시오. 걱정을 덜어 내고 믿음을 견고히 하는 능력의 기도를 드리는
법을 가르쳐 달라고 요청하십시오. 기본부터 시작합시다. 아빠 하나
님께서 당신이 말하는 것을 간절히 듣고 싶어 하심을 인지하면서 '제
자들에게 가르치신 기도'(누가복음 11:2-4)부터 드려 보면 어떨까요.

아버지 하나님, 제 기도를 들으소서. "하늘에 계신 우리 아버지…."

비밀 장소

너는 기도할 때에 네 골방에 들어가 문을 닫고 은밀한 중에
계신 네 아버지께 기도하라. 은밀한 중에 보시는 네 아버지
께서 갚으시리라. (마태복음 6:6)

오늘날 세상을 살아가는 여성들은 매우 바쁘고, 당신도 예외 없이 바
쁩니다. 아이들 학교 보내기, 남편 양말 찾아 주기, 메일 보내기, 프로
젝트 완성하기, 식단 짜기, 손주 돌보기, 주일학교 공과 준비하기, 강
아지 산책시키기, 밀린 뉴스 보기 등. 이 모든 것을 잘 감당하려면 집
중력이 필요하고, 집중을 위해서는 마음속 붐비는 잡동사니들을 치
워야 합니다.

예수님은 바깥세상과 내면의 생각들로부터 떨어져 비밀의 방을 찾으
라고 말씀하십니다. 예수님이 당신만을 위해 열어 두신 방, 그곳에서,
세상과 차단되어 예수님과 성령 안에서 대화를 나눌 수 있습니다.

그러니 비밀의 장소를 찾으세요. 집중해야 할 일이 무엇인지 알게 되
고, 평안을 누릴 것입니다.

하나님, 하나님과 저만 있을 수 있는 비밀스러운 골방을 찾도록 도와주십
시오.

히스기야가 사자의 손에서 편지를 받아 보고 여호와의 성전에 올라가서 히스기야가 그 편지를 여호와 앞에 펴 놓고 그 앞에서 히스기야가 기도하여 이르되 "그룹들 위에 계신 이스라엘의 하나님 여호와여, 주는 천하만국에 홀로 하나님이시라. 주께서 천지를 만드셨나이다." (열왕기하 19:14-15)

히스기야는 유다의 왕이었습니다. 그는 앗수르의 산헤드립에게서 유다를 공격하겠다는 위협이 담긴 편지를 받았습니다. 편지를 읽은 히스기야는 공포에 휩쓸리지 않고 주님의 성전으로 갔습니다. 협박의 글을 주님 앞에 펴 놓고 하나님이 천하만국에 홀로 하나님이시며 천지의 창조주이심을 고백하며 기도했습니다. 하나님께서 귀를 기울이사 산헤드립이 전한 바를 듣고 그분의 백성을 구하러 오시기를 간구했습니다. 그러자 하나님은 실제로 그렇게 해주셨습니다.

심각한 문제를 만났을 때 당황하지 마십시오. 하나님께 나아가 세세하게 모두 말씀드리십시오. 그 문제에서 구해 달라고 간구하십시오. 하나님께서 당신의 기도를 들어주실 것입니다.

모든 것의 주님, 지금 OOO한 일이 일어나고 있습니다. 두려워하지 않고 하나님께 나아가기로 단단히 마음먹었습니다. 주님 안에서만 도움을 발견할 것이기 때문입니다.

끝으로 형제들아, 무엇에든지 참되며 무엇에든지 경건하며 무엇에든지 옳으며 무엇에든지 정결하며 무엇에든지 사랑받을 만하며 무엇에든지 칭찬받을 만하며 무슨 덕이 있든지 무슨 기림이 있든지 이것들을 생각하라. (빌립보서 4:8)

전쟁의 소문들, 교내 총격 사건, 아동/배우자 학대, 마약 중독, 범죄, 테러, 정치적 분쟁 등 나열할 수 없을 만큼 많은 나쁜 소식이 우리를 에워싸고 있으며, 우리 또한 휘말리기 쉽습니다. 이러한 소식들은 우리를 이불 밖으로 나오지 못하도록 하기에 충분합니다. 우리가 제어할 수 없는 사람이나 상황 때문에 걱정하고 초조해할 수밖에 없는 형편입니다.

우리 힘으로는 어찌할 수 없는 이러한 소식들을 하나님께 가져가십시오. 하나님께서 그 상황들 가운데 계시니 희생자들을 도와주시고 정의를 이뤄 주시도록 간구하십시오. 그분이 모든 상황을 관장하십니다. 그분의 손에 맡기십시오. 아울러 저 밖에 있는 '선한' 소식들을 찾아보십시오. 선하고 존경스러운, 칭찬하고 하나님을 찬양할 만한 것들에 초점을 맞추십시오.

근심걱정은 주님께 드리고, 집중할 만한 가치가 있는 것들과 칭찬받을 일들에 제 생각을 고정할 수 있도록 도와주십시오!

주께서는 내가 떠날 때와 돌아올 때를 아시니, 내가 주님의 시야를 벗어나지 않습니다. … 내가 뒤돌아보아도 주님은 거기 계시고 앞을 내다보아도 주께서는 거기 계십니다. 어느 곳에 가든 주께서 함께하시니, 내 마음 든든합니다. 이 모든 것이 내게는 너무나 크고 놀라워 다 헤아릴 수가 없습니다! (시편 139:2, 5-6, 메시지)

사람들은 우리 삶에서 오고 가지만, 계속 남아 있는 존재가 있습니다. 삼위일체 하나님, 즉 성부, 성자, 성령 하나님입니다.

내가 어디를 가든지 하나님께서 보고 계십니다. 어떤 일을 겪고 있든지 예수님은 그 일에 친숙하십니다. 어떤 위로가 필요하든지, 성령님이 거기 계셔서 위로하십니다. 하나님께서 항상 함께, 앞에서도 뒤에서도 당신과 같이 계심을 믿을 때 모든 걱정이 희미해집니다. 하나님은 든든한 보호자이시고, 예수님은 쇠하지 않는 친구이시며, 성령님은 기꺼이 도와주는 분이십니다.

걱정하지 마십시오. 당신이 걷는 모든 길에서 기꺼이 도우려고 준비하고 계신 성부, 성자, 성령 하나님께 기도하십시오.

하나님의 임재, 예수님의 사랑, 성령님의 능력을 인정하고 나니 저의 걱정들이 희미해지고 깨끗이 사라집니다. 주님, 함께하소서.

이르시되 "너희를 위로하는 자는 나 곧 나이니라. 너는 어떠한 자이기에 죽을 사람을 두려워하며 풀같이 될 사람의 아들을 두려워하느냐." (이사야 51:12)

하나님은 당신을 누구보다도 잘 이해하십니다. 걱정, 두려움, 희망, 꿈, 열정들을 아십니다. 어떻게 지내는지 보고 계십니다. 그렇기 때문에 하나님은 그분의 딸인 당신을 확신으로 채우기 원하십니다. 하나님만이 나를 위로하실 수 있다는 확신 말입니다. 사람은 언젠가 사라지고 들풀처럼 시들어 무로 돌아가지만, 하나님은 전능하시고 영원하십니다.

그러니 누군가가 당신에게 무슨 말을 하고 행할지 걱정되고 두려울 때, 다른 사람들과 달리 온전히 위로해 주시는 그분께 가까이 가십시오. 하나님의 능력, 약속, 보호하심에 기대십시오. 하나님이 어떤 분인지 기억하고, 그분의 임재의 위로를 느껴 보십시오. 그분의 사랑과 빛이 당신에게 쏟아질 수 있도록 그분을 인정하고 기도하십시오.

아빠 하나님. 하나님의 사랑과 빛과 보호하심을 제 위에 부어 주소서. 하나님 안에서 모든 두려움과 근심이 녹아내리는 위로를 발견합니다.

여호와를 의지하고 교만한 자와 거짓에 치우치는 자를 돌아보지 아니하는 자는 복이 있도다. 여호와 나의 하나님이여, 주께서 행하신 기적이 많고 우리를 향하신 주의 생각도 많아 누구도 주와 견줄 수가 없나이다. 내가 널리 알려 말하고자 하나 너무 많아 그 수를 셀 수도 없나이다. (시편 40:4-5)

세워 놓은 계획들이 제자리를 잡는 데 시간이 너무 오래 걸리는 것 같나요? 다른 이들의 말에 귀를 기울이게 되고, 그들의 충고에 솔깃해지나요? 당신도 모르는 사이에 걱정이 파고들어 다른 길로 가야 하는 건 아닌지, 계획들을 포기해야 하는 건 아닌지 고민이 되나요?

바른길에 들어서 있다는 확신이 없다면, 그런 염려들을 총괄 계획자(master planner)와 공유하십시오. 그분을 온전히 신뢰하고 그분의 지혜에 의지하십시오. 하나님은 이미 당신의 삶에 놀라운 일들을 행하셨습니다. 당신의 계획들이 그분의 뜻, 그분의 말씀과 결이 맞는다면 걱정할 필요 없습니다. 포기하지 않고 끝까지 해내는 데 필요한 인내심과 평안을 주실 것입니다. 그분의 때에 그분의 방식으로 말입니다.

주님, 저를 위한 멋진 계획들을 가지고 계시지요? 그것들을 끝까지 해내도록 도우실 것을 믿습니다.

하나님께서 저만치 달려 나와 나를 맞아 주시고 불안과 두려움에서 나를 구해 주셨다. … 내가 절망에서 부르짖을 때 하나님께서 나를 궁지에서 빼내 주셨다. 우리가 기도할 때 하나님의 천사가 우리를 둘러 진 치고 보호한다. (시편 34:4, 6-7, 메시지)

근심이 짓누를 때, 하나님은 저만치 앞서 당신을 만날 준비를 하고 계십니다. 우리가 할 일은 그저 하나님께 부르짖는 것입니다.

마음속에 있는 모든 것, 두려움과 걱정과 고뇌들을 아뢰십시오. '감정을 그분께 숨기지 마십시오'(시편 34:5, 메시지). 하나님은 당신이 겪고 있는 두려움, 걱정, 곤란한 상황을 모두 알고 계십니다. 그럼에도 당신의 목소리로 그 내용을 고백하고, 내려놓고, 당신의 세계에서 끄집어내길 바라십니다.

하나님께 아뢰면, 당신을 구하시고 평안으로 채우실 것입니다. 다시 기운을 내어 일어설 수 있을 때까지 하나님의 천사들이 당신 주변에 보호의 진을 칠 것입니다. 기도의 특권과 유익을 소홀히 여기지 마십시오. 기도는 생명을 구해 줍니다.

지금 ○○○한 일들이 일어나고 있습니다. 주님. 저를 구해 주소서!

여호와께서 내 음성과 내 간구를 들으시므로 내가 그를 사랑하는도다. 그의 귀를 내게 기울이셨으므로 내가 평생에 기도하리로다. (시편 116:1-2)

'듣기'는 사람들 사이에서 거의 잃어버린 기술이 되었습니다. 그러나 누군가의 말에 항상 귀를 기울이는 분이 계시니, 무한하고 전능하신 하나님 아버지입니다. 그분의 딸인 당신이 하는 말을 들으려고 하나님은 몸을 굽히십니다(시편 116:2, NLT).

몸을 굽혀 들으시는 하나님의 모습을 마음속에 단단히 고정해 보십시오. 당신을 여성-아이라고 상상해 보십시오. 아빠가 내 고민과 걱정을 들어 주기를 간절히 바라는 여성-아이 말입니다. 왜 아이여야 할까요? 주님은 '어린아이와 같은 믿음'을 지닌 사람을 보호하시기 때문입니다(시편 116:6, NLT).

아버지 하나님을 온전히 신뢰하고 하나님을 믿는다고 고백할 때, 큰 고통을 당하고 있다고 말씀드릴 때(시편 116:10), 걱정으로부터 자유로워지고 영혼은 다시 평안해질 것입니다(시편 116:7).

오직 주님만이 주실 수 있는 영혼의 쉼을 원합니다. 들으소서, 주님….

구하십시오. 받을 것입니다. 찾아다니십시오. 찾을 것입니다. 두드리십시오. 문이 열릴 것입니다. 구하는 자는 항상 받고, 찾아다니는 자는 항상 찾고, 두드리는 이에게 문이 열립니다. (마태복음 7:7-8, 필립스)

정보가 넘쳐나는 시대입니다. '나에게도 이런 일이 일어나면 어쩌지?' 이런저런 시나리오들이 머릿속을 맴돌며 마음을 막습니다. 제지되지 않는 이 모든 걱정을 자각조차 못 할 때가 있습니다.

다행히 우리에게는 정신과 마음, 영과 혼에 평화를 주시는 아버지 하나님이 계십니다. 당신은 그분의 딸로서 그분 앞에 기도로 나아갈 수 있는 특권이 있습니다.

하나님께 근심을 내어 드리고 그분의 평화를 구할 때, 그것을 얻으리라고 예수님은 말씀하셨습니다. 아버지의 임재를 구하면 그분을 찾을 것입니다. 그분의 집과 사랑의 문을 두드리면 하나님이 여실 것입니다.

구하십시오(Ask), 찾아다니십시오(Seek), 두드리십시오(Knock). 하나님께 'ASK'하여 평화와 소망, 선명함의 복을 누리시기를….

주님, 제가 여기 있습니다. 드립니다. 구합니다. 찾습니다. 두드립니다. 제 기도를 들으소서.

자아를 벗어나 예수님 안으로

무리와 제자들을 불러 이르시되 "누구든지 나를 따라오려거든 자기를 부인하고 자기 십자가를 지고 나를 따를 것이니라." (마가복음 8:34)

어떤 걱정들은 자기중심적입니다. 승진을 못 할까 봐, 집을 낙찰받지 못할까 봐, 재정적인 여유가 없을까 봐 걱정합니다. 이 걱정의 땅에서는 모든 것이 당신 중심적입니다. 그러나 예수님은 당신의 삶이 예수님 중심적이길 원하십니다. 예수님을 따르고자 할 때, 당신과 당신의 관심사는 곧 자기중심적인 시야에서 벗어날 것입니다.

마가복음 8장 34절 말씀은 실행하기 어려운 명령입니다. 그러나 이 명령을 행하면 애타는 대신 자유로워집니다. 염려들을 비워 내면 하나님께서 주시고자 하는 것을 담을 공간의 여유가 생깁니다.

당신에게서 나와서 예수님 안으로 들어가세요. 후회 없는 당신을 만날 것입니다.

예수님께만 집중할 수 있도록 도와주세요. 저에게서 벗어나 예수님께로 가고 싶습니다.

약속의 증거

우리는 하나님 앞에서 담대하고 자유롭게 되었습니다. 그분의 뜻에 따라 마음껏 구하고, 또 그분께서 들어주심을 확신하게 되었습니다. 하나님께서 들어주신다고 확신하고 구하면, 우리가 구한 것은 우리 것이나 다름없음을 우리는 압니다. (요한일서 5:14-15, 메시지)

마가복음 11장 24절에서 예수님은 "무엇이든지 기도하고 구하는 것은 받은 줄로 믿으라"라고 말씀하셨습니다. 그 약속은 12년간 혈루병을 앓아 온 한 여인의 사건에서 증명되었습니다. 여인은 많은 의사를 거쳤지만 여전히 건강하지 못했습니다. 예수님이 오신다는 소식을 들은 여인은 그분께 몰래 다가갔습니다. 그러고는 "그분의 옷을 만지기만 하면 내가 나으리라"(마태복음 9:21, ESV)라고 속삭였습니다. 예수님이 여인을 바라보며 말씀하셨습니다. "안심하여라, 딸아. 너는 믿음의 모험을 했고, 이제 병이 나았다"(마태복음 9:22, 메시지). 바로 그 순간 여인은 나았습니다!

염려들을 하나님께 가져가세요. 원하는 것들을 그분께 말씀드리세요. 하나님께서 내 소리를 들으셨고, 구한 것은 이미 내 소유이며 내 소유가 되리라고 믿고, 하나님의 손에 모두 맡기십시오.

약속을 증명하신 주님, 저의 모든 염려를 주님께 가져갑니다. 저를 위해 행하시고자 하는 바들이 이미 저의 것임을 압니다.

예상치 않은 것에 대한 기대

그가 베드로와 요한이 성전에 들어가려 함을 보고 구걸하거늘 베드로가 요한과 더불어 주목하여 이르되 "우리를 보라" 하니 그가 그들에게서 '무엇을 얻을까' 하여 바라보거늘. (사도행전 3:3-5)

걱정거리를 들고 하나님께 나아가 주님 손에 모두 내려놓을 때, 당신은 일이 어떻게 되었으면 좋을지, 기대하는 바가 무엇인지를 말씀드렸을 것입니다. 하지만 기대한 것이 나에게 가장 좋은 것이 아닐 때가 있습니다.

성전 밖에 앉아 있던, 나면서부터 못 걷는 사람을 생각해 보십시오. 그는 베드로와 요한이 돈을 주리라 기대했습니다. 그렇지만 베드로와 요한은 예수님의 이름으로 그가 생각지 못한 '치유'를 주었습니다. 내 문제를 주님께 맡기면 주님이 내 욕구와 소원의 핵심으로 더 깊이 다가와 진정 필요한 것을 발견하시리라 믿고 쉼을 누리십시오. 예상치 못한 것, 더 나은 것을 하나님께서 주시리라 기대하십시오.

저의 염려들을 주님께 드리며 제가 생각지 못한 것들을 기대하게 하소서.

여호와께서 아브람에게 이르시되 "너는 너의 고향과 친척과 아버지의 집을 떠나 내가 네게 보여 줄 땅으로 가라. 내가 너로 큰 민족을 이루고 네게 복을 주어 네 이름을 창대하게 하리니 너는 복이 될지라." (창세기 12:1-2)

우리가 살아가는 동안 근심이 생기는 건 어쩌면 지극히 당연합니다. 하지만 기도로 하나님께 나아가 걱정의 짐들을 내려놓으면, 당신이라는 땅을 떠나 그분이 보이실 땅으로 인도함을 받을 것입니다. 그 땅은 하나님과 다른 이들의 모든 것이 담긴 곳입니다.

자신에 대한 염려가 해소되면 다른 사람의 염려를 하나님께 가져갈 여유와 시간이 생깁니다. 다른 이들을 위해 기도의 능력을 사용하는 것은 예수님을 따르는 행위입니다. 주님이 시작하신 일을 이어 갈 때 다른 이들에게 복이 됩니다.

하나님은 출발하실 준비가 되셨습니다. 당신은 어떤가요?

오늘 아버지 하나님께 데려갈 친구들이 있어요. 그들은 주님이 주시는 복이 필요합니다.

여호와께서 자기 백성에게 힘을 주심이여, 여호와께서 자기 백성에게 평강의 복을 주시리로다. (시편 29:11)

시편 29편 11절 말씀은 매우 단순하지만 힘이 넘칩니다.

하나님은 모든 것을 통치하십니다. 당신은 그분의 딸이고 백성입니다. 그러니 근심걱정으로 연약해진 날, 필요한 모든 힘을 달라고 하나님께 나아갈 수 있습니다. 인내하고 이겨 낼 힘을 주실 것입니다. "착한 딸아" 하시며, 지금 이 순간은 물론 앞으로의 모든 순간에도 평강의 복을 주실 것입니다.

따라야 할 경고는 단 하나입니다. 그분이 마련해 놓은 길에서 망연자실하거나 방향을 틀지 않도록, 하나님의 말씀을 믿고 마음에 단단히 새기는 것입니다.

그러니 하나님의 임재로 들어갈 때 근심은 문 앞에 두고 가세요. 하나님이 주시는 힘과 평강을 받아들이십시오. 그분은 당신에게 힘과 평강을 주시려고 항상 기다리십니다. 그분의 이름과 능력을 힘입어 앞으로 나아가십시오.

주님, 나의 하나님, 나의 왕이시여. 주님의 임재로 나아갑니다. 주님의 뜻을 이룰 수 있도록 저를 주님의 힘과 평강으로 채우소서.

그러므로 우리가 그리스도를 대신하여 사신이 되어 하나님이 우리를 통하여 너희를 권면하시는 것같이 그리스도를 대신하여 간청하노니 너희는 하나님과 화목하라. (고린도후서 5:20)

근심걱정이 반복되는 날에 갇혀 있다면, 하나님과 화목한 상태가 아닙니다. 그 염려들은 하나님과 나 사이에 장벽이 되고, 충만한 능력과 힘, 평안을 얻는 것을 방해합니다. 하나님께서 이것들을 주고 싶어 하시는데도 말입니다.

하나님과 화목한 상태로 돌아가십시오. 하나님께서 쓰신 러브레터(성경)에 담긴 말씀과 약속을 신뢰하십시오. 하나님의 지혜를 먹고 따르며 하나님께서 당신의 생각을 온전히 통제하실 수 있도록 하십시오. 말씀을 마음에 써놓지만 말고, 걱정이 불타오를 때 하나님의 지혜로 그 불을 끌 수 있도록 말씀을 실천해 보십시오. 그리하면 상상하고 꿈꿔 온 것 이상으로 평탄해진 자신을 발견할 것입니다.

주님의 노래가 제 마음에 있기를 원합니다. 걱정들은 뒤로하고 하나님과 화목하게 되기를 원합니다.

근심이 사람의 마음에 있으면 그것으로 번뇌하게 되나 선한 말은 그것을 즐겁게 하느니라. (잠언 12:25)

걱정은 마음을 짓누릅니다. 이 때문에 시편 기자는 "네 근심 하나님의 어깨 위에 올려놓아라. 그분께서 네 짐 지고 너를 도우시리라"(시편 55:22, 메시지)라고 기록했습니다.

예수님은 우리에게 아무것도 염려하지 말고, 수고하고 무거운 짐을 지고 그분께 나아오면 쉼을 주시겠다고(마태복음 6:25, 11:28) 말씀하셨습니다.

베드로도 이것을 일깨웁니다. "너희 염려를 다 주께 맡기라. 이는 그가 너희를 돌보심이라"(베드로전서 5:7).

현대를 살아가는 여성들은 즐거움을 선사할 '선한 말'을 어디에서 얻어야 할까요? 바로 하나님의 말씀 속에 있습니다. 성경 속에서 마음에 닿는 시편 또는 이야기, 구절들을 찾아 그 말씀을 자신의 스토리로 만들어 보세요. 그렇게 할 때, 당신을 맞으려 기다리시는 하늘의 아버지께 들려 올려지게 될 것입니다.

주님, 마음이 무겁습니다. 주님의 말씀으로 파고듭니다. 저를 주님께로 들어 올려 줄 말씀들을 보게 하소서.

〈 주 안에서의 확신 〉

내가 알거니와 여호와는 고난당하는 자를 변호해 주시며 궁핍한 자에게 정의를 베푸시리이다. (시편 140:12)

여러 뉴스에 따르면 악과 폭력이 점점 늘고 있습니다. 이러한 바깥소식들을 듣고 있자면 내 안전뿐만 아니라 이웃의 안전, 그리고 정의롭지 못한 세상 때문에 고통받는 이들 때문에도 걱정이 생깁니다. 감당하기 힘든 소식이 너무 많습니다! 하지만 당신은 그런 상황에 놓이도록 지음받지 않았습니다.

우리가 할 수 있는 유일한 일은 그러한 고통을 하나님께 건네는 것입니다. 악과 폭력으로 상처받은 이들을 하나님께서 돌보신다는 확신을 품고 평안을 누리십시오. 하나님의 자녀들을 위해 그분이 정의를 드러내실 것을 확신하십시오. 내일 당장, 우리가 사는 동안, 어쩌면 천국의 맞은편인 이 세상에서는 해결되지 않을지라도 하나님의 때와 방식으로 반드시 이루실 것입니다.

우리는 그저 모든 이들을 주님께 올려 드리고 결과는 주님 손에 맡길 뿐입니다.

힘겨워하고 있는 사람들을 주님께 건네 드립니다. 그들의 마음을 치유하시고 정의를 회복시켜 주소서.

여호와는 마음이 상한 자를 가까이 하시고 충심으로 통회하는 자를 구원하시는도다. (시편 34:18)

인간은 연약한 피조물입니다. 그러다 보니 마음이 깨지고 영혼이 짓밟힐 수 있습니다. 누군가에게 비열한 말을 듣거나 믿고 의지한 사람에게 배신을 당할 때 그렇습니다. 사랑하는 이의 죽음 앞에서도 그렇게 될 수 있습니다. 직업, 가정, 사업, 목회, 친구를 잃는 순간에도 그럴 수 있습니다. 그 원인이 무엇이든 간에 마음이 깨지고 영혼이 짓밟힐 때 가까이 따라붙는 것이 염려입니다. 이런 일이 왜 일어났는지, 어떻게 빠져나가야 하는지 궁금할 것입니다.

시험의 때일수록 하나님께서 당신과 함께, 바로 거기 계심을 더욱 인지하십시오. 하나님의 팔이 당신을 붙들고 계십니다. 마음을 치유하고 영혼을 소생시켜 염려를 누그러뜨려 주실 것입니다. 당신은 그저 "주여, 저를 도우소서"라고 하는 것으로 충분합니다.

주님, 제가 부를 때 항상 거기 계셔 주셔서 감사합니다. 주님은 제가 온전히 의지할 수 있는 단 한 분이십니다. 제 마음을 고치고 영을 소생시키며 정신을 안정시켜 주세요.

믿고 보라

내가 산 자들의 땅에서 여호와의 선하심을 보리라고 믿지 않았더라면 나는 도대체 어떻게 되었을까요? 나는 절망했을 것입니다! 여호와를 기다리고 소망하며 기대하십시오. 강하고 담대하십시오. … 그렇습니다, 여호와를 기다리고 소망하며 기대하십시오. (시편 27:13-14, AMPC)

시편 27편 13절을 AMPC 성경은 질문으로 시작합니다. 이 땅에서 하나님의 선하심을 보리라는 것을 믿지 않는다면 당신은 어떻게 될까요? 근심걱정이 당신을 완전히 통제함으로써, 하나님이 무언가 행하시고 당신이 그 결과를 보리라는 희망을 앗아간다면요?

모든 것이 가망 없어 보일 때, 믿음을 견고히 하고 소망을 품기 위해 외워야 할 단순한 한 구절이 있습니다. "내가 산 자들의 땅에서 여호와의 선하심을 보게 될 줄 확실히 믿었도다!"(시편 27:13) 모든 것이 희망 없어 보일 때, 암송해 놓은 이 한 구절이 믿음을 견고히 하고 소망을 줄 것입니다. 이것을 영적 무기고의 일부로 삼으십시오. 온전한 의지와 신뢰로 주님을 바라보기로 결정하십시오. 그러면 무엇이든 헤쳐 나갈 힘과 용기를 발견할 것입니다.

주님. 이 땅에서 당신의 선하심을 보게 될 것을 확신합니다. 이것이 제게 소망을 줍니다!

주는 나의 은신처이오니 환난에서 나를 보호하시고 구원의 노래로 나를 두르시리이다. (시편 32:7)

물리적으로는 숨을 곳을 찾기가 정말 어렵습니다. 어린 자녀, 직장 상사, 남편 또는 남자친구 등 누군가가 항상 찾아냅니다. 홀로 있고 싶은데 그들의 탐지기가 언제나 경보를 울려 대는 것 같습니다.

그러나 영적으로는 모든 사람, 모든 걱정을 피해 항상 갈 수 있는 곳이 있습니다. 바로 하나님의 임재 안입니다. 일단 그곳에 도착하면 사랑과 격려는 물론 승리의 노래로 둘러싸입니다.

하나님은 가장 든든한 응원자이자 최고의 선생님이십니다. 그분이 말씀하십니다. "내가 네 갈 길을 가르쳐 보이고 너를 주목하여 훈계하리로다"(시편 32:8). 그분이 요구하시는 한 가지는, 어느 길로 가서 무엇을 할지 말씀하시면 당신이 이에 순종하고 고집을 부리지 않는 것입니다. 승리의 삶을 살기 위해 지불해야 할 대가치고는 매우 적지 않나요?

주님 안에 숨으러 왔습니다. 저를 구하시고 인도해 주세요. 주님 손안에 있게 하소서.

내가 네게 명령한 것이 아니냐. 강하고 담대하라. 두려워하지 말며 놀라지 말라. 네가 어디로 가든지 네 하나님 여호와가 너와 함께하느니라 하시니라. (여호수아 1:9)

모세가 죽은 뒤 여호수아는 하나님의 백성을 약속의 땅으로 인도하라고 남겨졌습니다. 그때 여호수아의 머릿속을 스쳐 갔을 온갖 생각을 상상할 수 있나요? 이 때문에 하나님은 여호수아에게 강하고 담대하라고 세 번, 함께하시겠다고 두 번 말씀하신 것 같습니다(여호수아 1:5-9).

당신 앞에 놓인 도전들이 여호수아가 당면한 일처럼 대단하지는 않을지 모릅니다. 그럴지라도 하나님은 "강하고 담대하라. 너와 함께하겠다"라는 말씀을 당신이 마음에 담기 바라십니다. 걱정은 잊으십시오. 걱정은 에너지와 용기를 빼앗을 뿐입니다. 그 대신 하나님께서 함께하신다는 말씀을 분명히 기억하십시오. 그분은 결코 당신을 떠나지 않으십니다. 어디를 가든지 하나님께서 거기 계십니다. 그러니 강하고 담대하십시오. 하나님께서 당신을 알고 이해하십니다.

말씀으로 격려해 주셔서 감사합니다. 주님. 제가 이 말씀을 머리에 새기고 저를 창조하실 때의 그 모습대로 강하고 담대한 여성이 되게 하소서.

여호와를 의지하는 자는

시온 산이 흔들리지 아니하고 영원히 있음 같도다.

산들이 예루살렘을 두름과 같이

여호와께서 그의 백성을 지금부터 영원까지 두르시리로다.

(시편 125:1-2)

형제 여러분, 나는 지금도 내가 그것을 온전히 붙잡았다고 여기지 않습니다. 하지만 이것에 집중합니다. 곧 뒤에 있는 일은 모두 잊고 무엇이든 앞에 놓인 것을 향해 손을 뻗고, 목표를 향해 곧장 나아갑니다. (빌립보서 3:13-14, 필립스)

당신이 했던 어떤 말이나 행동이 생각나서 때때로 걱정이 되나요? 그럴 때는 과거는 과거에 두어야 합니다. 당신이 완벽하지 않다는 것을 하나님은 아십니다. 당신 삶의 여정 동안 무한한 능력을 보유하게 하고 싶어서 하나님은 예수님을 보내셨고 그분의 영을 남기셨습니다. 그러니 '~할걸', '~할 수 있었는데', '~했어야만 했는데'가 삶을 지배하지 않도록 하십시오. 모든 결과는 주님께 맡기고 계속 가는 것입니다. 말과 행동이 초래할 결과들을 걱정하면서 뒤돌아보지 말고, 하나님께 맡기세요. 뒤에 있는 일은 모두 잊고 앞에 놓인 것을 향해 두 손을 뻗고 목표를 향해 나아가십시오. 그리스도 예수 안에서 하나님이 부르신 부름의 상을 향해 나아가십시오(빌립보서 3:14).

과거는 과거에 놓아둘 수 있도록 예수님 저를 도와주세요. 뒤를 보다가 굳어 버린 롯의 아내처럼 되고 싶지 않습니다(누가복음 17:32). 주님을 향해 앞으로 나아가도록 도우소서.

염려와 재물의 가시들

 가시떨기에 뿌려졌다는 것은 말씀을 들으나 세상의 염려와 재물의 유혹에 말씀이 막혀 결실하지 못하는 자요. (마태복음 13:22)

예수님이 씨 뿌리는 농부의 비유를 말씀해 주십니다. 길가에 뿌려진 씨앗은 새들(악한 자)이 먹어 버립니다. 돌밭에 뿌려진 씨앗은 태양이 뜨거워지면 쉽게 시들어 버립니다. 이는 고난이 올 때 길을 잃어버리는 믿음이 적은 사람을 가리킵니다. 가시덤불 사이로 뿌려진 씨앗은 기운이 막힙니다. 이는 세상의 염려와 재물의 유혹에 말씀이 막혀 결실하지 못하는 사람입니다.

우리의 목표는 염려를 하나님께 맡겨 드리는 것입니다. 이 세상 보물에 집중하지 않고 하나님의 말씀을 향해 자라나 성장하도록 하는 것입니다. 그럴 때에야 열매 맺는 씨앗이 되어, 거둘 수 있다고 생각했던 것보다 더 많은 수확을 하게 될 것입니다.

하나님은 당신이 심긴 그 자리에서 꽃이 피어나기를 기다리십니다.

주님, 제 안에 있는 염려들을 떠나보내 주세요. 주님의 말씀을 집어 들 때 열매 맺도록 도와주소서.

능력의 도구들

하나님이 우리에게 주신 것은 두려워하는 마음이 아니요
오직 능력과 사랑과 절제하는 마음이니. (디모데후서 1:7)

무대 위로 나오기 두렵고 걱정되어 당신이 날개를 접고 웅크리고 있
는 것을 하나님은 원치 않으십니다. 이 땅에 거하는 동안 천상의 삶을
살아내도록 돕기 위해 하나님은 여러 도구를 선물하셨습니다. 예수
님을 죽은 자 가운데서 다시 살리신 권능(빌립보서 3:10), 그 능력을 당
신에게 주셨습니다. 하나님을 기쁘시게 하고 다른 사람들의 안녕을
자신보다 위에 두도록, 움직이는 사랑의 영으로 당신을 채우셨습니
다. 그리고 절제하는 마음을 주셨습니다.

하나님이 주신 그 능력의 도구들을 사용하십시오. 그분께 당신을 드
리고 근심들은 뒤로하십시오. 기도를 통해 이 땅에 천국을 건설하십
시오.

주님, 사랑과 절제와 같은 능력의 도구들을 주셔서 감사합니다. 하나님의 나
라를 세우는 데 잘 사용할 수 있도록 도우소서.

주의 길이 바다에 있었고 주의 곧은길이 큰 물에 있었으나 주의 발자취를 알 수 없었나이다. 주의 백성을 양 떼같이 모세와 아론의 손으로 인도하셨나이다. (시편 77:19-20)

염려가 큰 물처럼 당신에게 다가올 수 있습니다. 전에는 얕은 곳에 서 있었는데 어느새 깊은 곳으로 헤매며 들어가서, 나도 모르는 사이에 바다 밑 저류에 묶여 버렸습니다. 어떻게 해야 다시 발을 내디딜 수 있을까요?

걱정들이 아래로 끌어내리기 전에 하나님께 가십시오. 제한된 시야로는 볼 수 없는 경로를 보여 달라고 하나님께 구하십시오. 당신을 위해 새겨 놓은 길을 하나님이 분명히 보여 주실 것입니다. 하나님께서 물을 가르시어 당신을 가로막은 걱정과 절망의 흔적을 지우시고 길을 내주십니다. 그런 다음 평온케 하시고, 손으로 이끄시어, 조심스럽게 또 거장답게 인도하실 것입니다. 선하고 사랑 많은 목자가 인도하듯이 하나님께서 당신을 이끄실 것입니다.

주님. 온갖 걱정이 저를 끌어내리지 않게 하소서. 제 영혼을 평온케 하시고, 제 손을 붙잡아 주소서. 선한 목자이신 주님, 저를 안전하고 소망 있는 곳으로 이끌어 주소서.

그런 다음 다윗은 목자의 지팡이를 들고, 시냇가에서 매끄러운 돌 다섯 개를 골라 목자의 배낭 주머니에 넣은 다음, 손에 물매를 들고 골리앗에게 다가갔다. (사무엘상 17:40, 메시지)

앞에 놓인 도전을 마주하기에는 아직 준비가 안 되어 있어서 걱정스러운가요? 다윗은 그렇지 않았습니다.

하나님께서 골리앗을 이기도록 도우실 것이라고 다윗이 사울 왕을 설득할 때 다윗은 어린 목동에 불과했습니다. 사울이 왕의 갑옷으로 다윗의 복장을 갖추려 하자 다윗은 "이렇게 다 갖춰 입고는 움직이기 어렵습니다. 저는 이런 복장이 익숙하지 않습니다"(사무엘상 17:39, 메시지)라고 했습니다. 다윗은 왕의 갑옷을 벗어 버리고 평소대로 입었습니다. 그가 갖춘 것은 하나님에 대한 믿음, 지팡이, 돌 다섯 개, 그리고 물매였습니다. 이것들로 다윗은 거인을 쓰러뜨렸습니다.

골리앗을 무찌르기 위해 다윗을 채비해 주신 것처럼, 당신이 도전에 맞설 수 있도록 하나님께서 정확하게 필요한 것들로 준비해 주십니다. 그러니 걱정은 하나님 손에 맡기고, 기도의 무기를 들고 일상의 복장을 입으십시오. 그럴 때 다윗처럼 싸움에서 이길 것입니다.

주님, 감사합니다. 주님은 도전에 맞서는 데 필요한 모든 것을 주셨습니다.

주께서 내 손을 잡아 주셨습니다. 주께서 나를 지혜롭고 부드럽게 이끄시고 나에게 복을 내려 주십니다. … 나는 하나님 바로 앞에 있으니, 오, 얼마나 상쾌한지요! 주 하나님은 나의 안식처. 내가 주님의 일들을 세상에 알리겠습니다! (시편 73:23-24, 28, 메시지)

길을 찾지 못할까 봐 걱정스러울 때, 지금 어디에 서 있는지 보십시오. 하나님으로부터 멀리 벗어나지 않았는지.

주님이 당신의 반석, 요새, 피난처이심을 기억하십시오. 기도로써 그분께 가까이 갈 때 하나님은 손을 잡아 당신이 가야 할 곳으로 정확하게 인도하십니다. 당신의 발이 하나님께서 마련하신 그곳에 닿자마자 복 내려 주실 것입니다.

바로 오늘, 하나님의 임재 안으로 자신을 들여보내세요. 주님이 손을 붙잡으시도록 당신을 내어 주십시오. 그리할 때 그토록 목말라하던 활력을 찾을 수 있고, 영혼이 갈망해 온 집을 찾을 것입니다. 오직 그분 안에서.

주님, 의심과 근심이 저를 공격할 때, 주님께 돌아가도록 도와주십시오. 이 세상과 다음 세상에서 주님은 나의 유일한 집입니다.

여호와의 사자가 기드온에게 나타나 이르되 "큰 용사여, 여호와께서 너와 함께 계시도다" 하매. (사사기 6:12)

미디안 사람들이 하나님의 백성이 심어 거둔 농작물을 망쳐 놓고 양과 소를 빼앗아 갔습니다. 기드온은 미디안 습격대로부터 곡식을 숨기기 위해 포도주 틀에서 몰래 타작을 하고 있었습니다. 바로 그때 하나님께서 기드온에게 오셔서 "큰 용사여"라고 부르셨습니다.

하지만 기드온은 자신에 대한 하나님의 평가를 부인했습니다. 자신의 집안은 지파 중에서 가장 약하고 자신은 가족 중에서 가장 보잘것없는 작은 자라고 하면서 말입니다. 그러나 하나님은 이스라엘 백성을 구원하기 위해 기드온을 보내실 것이며 기드온이 그가 가진 힘으로 나아갈 것이라고 말씀하셨습니다. 하나님이 기드온과 함께하시고 기드온은 적을 무찌를 것이었습니다(사사기 6:14-16).

하나님께서 무엇을 행하라고 부르실 때, 적임자가 아닌 것 같아 걱정인가요? 하나님께 나아가서 기도하십시오. 당신이 큰 용사요 하나님의 딸인 것을 일깨워 주실 것입니다. 당신이 해야 할 일은 하나님을 믿고 그분이 힘 주실 것을 신뢰하는 것입니다. 그러면 하나님께서 주목하신 그 여인이 되어 있을 것입니다.

주님의 눈으로 저 자신을 바라보도록 도와주세요. 저는 강하신 하나님의 강한 딸입니다.

겁먹지 마라. 내가 너와 함께하고 있다. 두려워할 것 없다. 내가 너의 하나님이니 내가 네게 힘을 줄 것이다. 너를 도와주리라. 내가 너를 붙들어 줄 것이다. 꽉 붙잡아 주리라. 두고 보아라. 너를 푸대접했던 자들, 천대받게 될 것이다. 실패자가 될 것이다. (이사야 41:10-11, 메시지)

이사야 41장 10-13절은 걱정이 두려움으로, 두려움이 공포로 변할 때 붙들어야 할 경이로운 말씀입니다. 일어났던 일, 일어나고 있는 일, 앞으로 일어날 모든 일을 아시는 하나님께서 우리에게 주신 말씀입니다.

하나님께서 친히 함께하시니 두려워하지 말라고 말씀하십니다. 앞에 놓인 것이 무엇이든지 간에 그 일을 직면하는 데 필요한 모든 힘을 주실 것입니다. 하나님께서 손을 붙들고 결코 놓지 않으실 것입니다. 흔들리지 않고 서 있도록 붙잡아 주시며 그분이 보내시는 곳에 견고히 발을 딛게 하실 것입니다. 오늘 당신을 해하려 하는 사람들이 내일은 없어질 것입니다.

이 말씀을 믿으십시오. 그러면 마음과 영과 혼이 갈망하는 힘과 평안을 누릴 것입니다.

주님 안에서 용기를 발견합니다. 저는 주님만 의지합니다!

하나님 생각하기

내가 옛날을 기억하고 주의 모든 행하신 것을 읊조리며 주의 손이 행하는 일을 생각하고 … 아침에 나로 하여금 주의 인자한 말씀을 듣게 하소서. 내가 주를 의뢰함이니이다. 내가 다닐 길을 알게 하소서. 내가 내 영혼을 주께 드림이니이다. (시편 143:5, 8)

걱정을 저지하는 가장 확실한 방법은 아침에 하나님께 나아가는 것입니다. 침대에서 내려서기 전, 위태한 의심, 두려움, 상상들 속에서 마음이 돌아다니기 전에 말입니다.

성경을 펴고, 생각을 바꿔 주고 마음을 지켜 주는 구절들에 집중하십시오. 하나님께서 과거에 행하신 모든 위대한 일을 기억하고, 현재 그분이 하고 계신 일들에 감사하십시오. 그리고 하나님께 가까이 기대십시오. 하나님을 신뢰한다고 말씀드리십시오. 가야 할 길을 보여 달라고 청하십시오. 당신의 내면을 영과 사랑이신 그분께 올려 드리고 그분이 말씀하시는 것에 귀 기울이십시오.

다른 모든 것을 하기에 앞서 하나님께 나아갑니다. 저를 사랑해 주시고, 인도하시고, 안아 일으켜 주소서.

내가 환난 중에 다닐지라도 주께서 나를 살아나게 하시고 주의 손을 펴사 내 원수들의 분노를 막으시며 주의 오른손이 나를 구원하시리이다. 여호와께서 나를 위하여 보상해 주시리이다. 여호와여, 주의 인자하심이 영원하오니 주의 손으로 지으신 것을 버리지 마옵소서. (시편 138:7-8)

때때로 삶이 당신을 놀라게 할 것입니다. 즐겁게 길을 가던 중, 갑자기, 어느새, 곤경에 휩싸입니다. 한 번도 생각해 본 적 없는 상황에 놓입니다. 걱정을 넘어 거의 미칠 지경입니다!

그럴 땐 일단 멈추세요. 어디에 있든지 무엇을 하고 있든지 심호흡을 하십시오. 그런 다음 하나님께서 보호하고 계시고 앞으로도 그렇게 하신다는 것을 되뇌어 보세요. 그분의 능력이 바로 그 순간 당신을 구해 내고 계십니다. 그분이 모든 것을 해결해 나갈 것입니다. 당신을 사랑하시고 당신 삶에 선하신 계획이 있기 때문입니다. 해야 할 일은 오직 하나님을 신뢰하고 그렇게 사는 것입니다.

주님. 위험이 엄습해 올 때 저를 보호하소서. 주님이 저를 구하심을 압니다. 저를 위한 계획이 있으심을 압니다!

완벽한 평강

주께서 심지가 견고한 자를 평강하고 평강하도록 지키시리니 이는 그가 주를 신뢰함이니이다. (이사야 26:3)

시인 캐슬린 노리스는 "기도는 당신이 원한다고 생각하는 것을 구하는 것이 아니라, 상상할 수 없는 방식으로 바뀌기를 구하는 것입니다"라고 썼습니다.

무엇이 다가와도 평안하고, 당황하지 않고, 고요할 수 있다면 얼마나 좋을까요? 그것이 어떤 상태일지 상상할 수 있나요?

우리는 온전한 평강을 누릴 수 있습니다. 아주 간단한 공식만 기억한다면요. 먼저 하나님을 신뢰하십시오. 이는 하나님과 그분의 길에 당신을 맡기고 의지하며, 그분이 움직이실 것을 기대하고 소망하는 것입니다. 둘째는 마음을 하나님께 두십시오. 하나님의 말씀을 깊이 심고, 그분과 함께 시간을 보내고, 그분이 누구신지 배워 간다는 의미입니다.

걱정덩어리 여성에서 평강의 여성으로 바꾸어 달라고 기도하십시오. 그분이 선한 것을 주시고, 그분의 영광을 위해 상상할 수 없는 놀라운 일을 행하실 것입니다.

주님만이 주실 수 있는 그 평온함을 원합니다. 저를 바꾸어 주십시오. 주님, 저를 완벽한 평안에 거하게 하시고, 신뢰할 수 있는 평강의 여성으로 빚어 주십시오.

그러므로 너희가 회개하고 돌이켜 너희 죄 없이 함을 받으라. 이같이 하면 새롭게 되는 날이 주 앞으로부터 이를 것이요. (사도행전 3:19)

기도로써 하나님께 걱정을 내어 드렸는데도 평안이 찾아오지 않는다면, 삶에서 벌어지고 있는 모든 것을 말하지 않아서일 수 있습니다. 인정하고 싶지 않고 받아들이고 싶지 않은 내용을 고백하지 않은 것입니다. 그런 것들이 내면에 여전히 숨어, 더럽혀진 상처처럼 곪고 있습니다.

사랑하는 자매여, 아무것도 하나님 앞에서 감출 수 없습니다. 우리가 행하는 모든 것을 보고 계시고 모든 말을 듣고 계십니다. 더 적은 걱정 더 많은 평안을 가지고 새롭게 되고 싶다면, 하나님께 당신을 점검해 달라고 부탁하십시오(시편 139:23-24). 아직 고백하지 못한, 숨은 실책들이 드러나도록 도움을 부탁하십시오. 하나님은 당신을 용서하실 것입니다. 내면에 쌓인 것들을 고백한 후에는 이전보다 훨씬 상쾌한 마음으로 나올 것입니다.

주님, 제 안을 보십시오. 저를 계속 염려케 하는 삶의 실수들을 드러내 주십시오. 주님께 모든 것을 고백하도록 도와주십시오.

나의 반석이신 여호와를 찬송하리로다. 그가 내 손을 가르쳐 싸우게 하시며 손가락을 가르쳐 전쟁하게 하시는도다. 여호와는 나의 사랑이시요 나의 요새이시요 나의 산성이시요 나를 건지시는 이시요 나의 방패이시니 내가 그에게 피하였고 그가 내 백성을 내게 복종하게 하셨나이다. (시편 144:1-2)

인생의 비전, 하루에 대한 생각에 먹구름이 낀 것 같습니다. 기도해 오고 또 기도해 왔지만, 떨쳐 버릴 수 없는 걱정의 찌꺼기가 여전히 남아 있습니다. 그렇다면 깊이를 더하기 위해 속도를 늦춰야 할 때입니다. 하나님이 진정 누구신지를 경험하고, 그분의 다양한 면을 시인하며 영혼을 진정시키기 위해 말입니다.

흔들리지 않는 견고한 바위 되신 하나님을 바라보십시오. 그분이 당신의 힘이 되시도록 하나님께 당신을 내려놓으십시오. 그분은 영원하시고 변치 않는 사랑이십니다. 위대한 보호자, 요새이십니다. 곤경에 처할 때면 높은 산성이신 그분께 피하여 안전해질 수 있습니다. 당신의 구원자, 영원히 존재하는 방패되신 그분이 구하고 보호하실 것입니다.

모든 것 되시는 하나님을 신뢰하고 피난처 삼으십시오.

오늘 주님 안으로 깊이 들어갑니다. 주님은 나의 반석, 힘, 요동치 않는 사랑, 요새, 산성, 구원자 그리고 방패이십니다.

기도의 습관

기도를 계속하고 기도에 감사함으로 깨어 있으라. (골로새서
4:2)

기도생활이 산발적이라면 평안도 산발적으로 찾아올 것입니다. 감
사함으로 깨어 있지 않으면, 기도는 단지 내 힘으로 길을 가기에 앞서
이루어졌으면 하는 이기적인 바람들을 열거하는 행위에 불과합니다.
골로새서의 저자 사도 바울은 기도를 계속하여 지치지 않는 습관으
로 만들라고 격려합니다.

그러니 하나님께 하루 한 번만 나아가지 마시고 하루 내내 나아가십
시오. 누군가 고통받는 것을 보면 기도하십시오. 마음에 걱정이 스멀
스멀 올라오면 기도하십시오. 하루 종일, 모든 길에서 하나님과 함께
하며, 그분이 행하시는 모든 것에 감사하십시오. 그리할 때 모든 걱정
은 희미해질 것이며, 당신이 하나님의 능력으로 그분의 길을 따라 걷
고 있음을 깨닫게 될 것입니다.

주님, 제 기도생활이 꾸준하도록 도와주십시오. 모든 길에서, 하루 종일, 계속
하여 하나님께 감사하게 하소서.

51

순환을 끊으시는 하나님

내가 두려워하는 날에는 내가 주를 의지하리이다. 내가 하나님을 의지하고 그 말씀을 찬송하올지라. 내가 하나님을 의지하였은즉 두려워하지 아니하리니 혈육을 가진 사람이 내게 어찌하리이까. … 주께서 내 생명을 사망에서 건지셨음이라. 주께서 나로 하나님 앞, 생명의 빛에 다니게 하시려고 실족하지 아니하게 하지 아니하셨나이까. (시편 56:3-4, 13)

두려움은 근심을, 근심은 두려움을 불러옵니다. 이런 악순환은 하나님이 끊으실 수 있습니다.

두려움을 피하고 염려가 삶을 차지하지 않도록 하려면 우주를 다스리고 유지하시는 지존자를 신뢰(의지)해야 합니다. 그분은 하나님이십니다.

두려울 때 하나님을 신뢰하십시오. 그분이 한 약속들을 기억하십시오. 하나님이 당신의 앞과 뒤에서 함께 다니실 것이라는 약속을 기억하십시오. 하나님은 당신을 떠나거나 저버리지 않으십니다.

당신을 죽음에서 구원하시기 위해 예수님을 보내셨고, 발걸음을 인도하시기 위해 성령님을 주셨습니다. 그러니 하나님을 신뢰하십시오. 그러면 생명의 빛 가운데 걸을 것입니다.

두려울 때마다 신뢰하겠습니다. 주님!

절박한 심정으로 주께 의지합니다. 주님은 나의 하나님이십니다! 내 모든 순간순간을 주님 손에 맡기니 … 주님을 섬기는 이들을 위해 주께서 준비하신 어마어마한 복 더미, 고약한 세상을 피해 주께로 도망치는 이들을 기다리고 있군요. (시편 31:14-15, 19, 메시지)

걱정을 떨쳐 내는 한 가지 좋은 방법은 걱정 한가운데서 당신을 하나님께 던지는 것입니다. 매초, 매분, 매시간 당신을 사랑하고 보호하시는 하나님 손에 당신을 놓으십시오. 그분은 당신과 이야기하고, 걷고, 필요하면 당신을 안고 다니시길 간절히 원하십니다.

당신에게 있는 곤경이나 염려가 무엇이든지 간에, 하나님은 모든 것이 합력하여 선을 이룰 독특한 방법을 찾으실 것입니다. 그러니 당신을 위해 어마어마한 복 더미를 준비하고 계신 주님께로 피하십시오.

주님의 손에 나를 맡길 때 걱정들이 증발합니다. 주님 안에 저를 위한 어마어마한 복 더미가 준비되어 있음을 믿습니다.

하나님의 무지개

내가 구름으로 땅을 덮을 때에 무지개가 구름 속에 나타나면 내가 나와 너희와 및 육체를 가진 모든 생물 사이의 내 언약을 기억하리니 다시는 물이 모든 육체를 멸하는 홍수가 되지 아니할지라. (창세기 9:14-15)

하나님은 자신이 창조하신 사람들 때문에 실망하신 적이 있습니다. 그래서 방주 안의 노아 가족과 동물들을 제외하고는 살아 있는 모든 것을 홍수를 통해 멸하셨습니다. 하나님은 그분이 행하신 일을 후회하시며 노아에게 말씀하셨습니다. 물이 다시는 모든 생명체를 멸하는 홍수가 되지 않으리라는 약속의 징표로 무지개가 나타날 것이라고요.

하나님은 당신이 무엇을 했든 결코 포기하지 않는다고 약속하십니다. 염려와 곤경의 홍수가 아무리 클지라도 당신을 위해 그곳에 계실 것입니다. 구름 속 하나님의 아름다운 무지개를 바라보며 기억하십시오. 인생의 폭풍 가운데서도 합력하여 선이 이루어질 것을요(로마서 8:28). 눈을 들어 하나님과 그분의 약속인 무지개를 바라보십시오. 구름 속에 당신을 위한 선한 것을 두셨습니다.

아버지 하나님, 모든 것이 합력하여 선을 이루게 하심에 감사드립니다. 구름 속에서도 주님이 약속하신 무지개에 집중할 수 있도록 도와주십시오.

소망의 문

그러므로 보라, 내가 그를 타일러 거친 들로 데리고 가서 말로 위로하고 거기서 비로소 그의 포도원을 그에게 주고 아골 골짜기로 소망의 문을 삼아 주리니 그가 거기서 응대하기를 어렸을 때와 애굽 땅에서 올라오던 날과 같이 하리라.

(호세아 2:14-15)

온화하신 하나님은 당신과 시간을 보내며 이야기하고 싶어 하십니다. 그러니 근심들을 들고 그분께 나아가십시오. 마음속 모든 걱정을 하나님 앞에 꺼내 놓으세요. 걱정스러운 마음의 짐을 벗고, 당신을 괴롭히고 하나님께 집중하지 못하도록 하는 모든 것을 말씀드리세요. 그렇게 할 때, 하나님이 당신 가까이 오셔서 들으실 것입니다. 부드러운 음성으로 말씀해 주시고 지혜를 부으시고 사랑으로 덮어 주실 것입니다. 그분은 평안과 임재하심으로 당신을 축복하실 것입니다. 어느새 하나님께서 어두운 절망의 골짜기를 빛나는 소망의 문으로 변화시켜 주셨음을 당신은 깨닫게 될 것입니다.

어두운 절망의 골짜기에서 헤매고 있습니다. 주님께 나아가 제 마음을 쏟아 놓습니다. 주님 안에 있는 소망의 문으로 저를 인도해 주소서.

나에게 오너라. … 내가 너희에게 제대로 쉬는 법을 가르쳐 주겠다. … 내가 어떻게 하는지 잘 보아라. 자연스런 은혜의 리듬을 배워라. … 나와 함께 있으면 자유롭고 가볍게 사는 법을 배울 것이다. (마태복음 11:28-30, 메시지)

걱정은 매우 인간적인 행동이지만 예수님께 정기적으로 걱정을 가져가지 않으면 에너지가 소진될 수 있습니다. 매일 그렇고 그런 염려들로 예수님을 괴롭히고 싶지 않을 것입니다. 스스로 그 문제를 해결할 수 있다고 생각할지도 모릅니다.

그런데 기억하십시오. 예수님은 걱정이 당신의 삶을 훔치거나 파괴하기를 원하지 않으십니다. 예수님은 당신이 그분께 나아와 짐을 내려놓기 원하십니다. 예수님이 오심으로써 제자들은 '참되고 영원한 생명을 얻고, 그들이 꿈꾸던 것보다 더 나은 삶을 얻을 수 있었습니다'(요한복음 10:10, 메시지). 그러니 참된 안식을 위해 예수님과 함께 피하십시오. 그분의 리듬 안으로 들어가십시오. 옳게 살고 있을 뿐만 아니라 빛 되게 살고 있음을 발견할 것입니다!

주님의 리듬에 맞춰 살고 싶습니다. 걱정의 순간을 주님과 함께 보내고 싶습니다.

걱정 목록

돈을 사랑하지 말고 있는 바를 족한 줄로 알라. 그가 친히 말씀하시기를 "내가 결코 너희를 버리지 아니하고 너희를 떠나지 아니하리라" 하셨느니라. 그러므로 우리가 담대히 말하되 "주는 나를 돕는 이시니 내가 무서워하지 아니하겠노라. 사람이 내게 어찌하리요" 하노라. (히브리서 13:5-6)

일찍이 누군가 기록했습니다. "걱정 목록의 길이를 보면 그 사람이 믿는 하나님의 크기를 가늠해 볼 수 있습니다. 목록이 길면 길수록 그 사람의 하나님은 작습니다." 이 말에 비춰 볼 때 당신의 하나님은 얼마나 크신지요? 당신의 걱정 목록은 얼마나 긴지요?

당신에게 있는 걱정들이 돈 또는 꼭 필요하지 않은 것들의 주위를 맴돌고 있지는 않은지요? 최신 휴대폰, 최근 유행하는 옷, 관리가 잘된 마당, 멋진 차가 없다고 불만족하고 있지는 않은지요?

내게 있는 걱정거리들을 적어 보십시오. 자족함으로 지울 수 있는 목록이 몇 개나 되는지요? 그래도 남아 있는 걱정거리는 하나님께 맡기십시오. 우리의 도움이신 하나님께서 당신에게 정말 필요한 것을 공급해 주신다는 것을 신뢰하십시오.

주님, 가진 것에 만족하고, 정말 필요한 모든 것은 하나님께서 공급해 주신다는 말씀을 신뢰하도록 도와주십시오.

하나님의 사랑이 우리에게 이렇게 나타난 바 되었으니 하나님이 자기의 독생자를 세상에 보내심은 그로 말미암아 우리를 살리려 하심이라. 사랑은 여기 있으니 우리가 하나님을 사랑한 것이 아니요 하나님이 우리를 사랑하사 우리 죄를 속하기 위하여 화목제물로 그 아들을 보내셨음이라.

(요한일서 4:9-10)

사랑받지 못하고, 주목받지 못하고, 보살핌 받지 못한다고 느낄 때가 있습니다. 가장 가까운 사람마저 나를 중요하게 여기기나 하는 건지 궁금증이 들면서 걱정이 시작됩니다. 지금 그런 시기를 지나고 있다면, 용기를 내십시오. 하나님은 당신이 상상하는 것 이상으로 당신을 사랑하십니다. 그분께 당신은 너무나도 소중합니다. 죽음과 어둠에서 당신을 구원하시기 위해 독생자를 포기하셨습니다. 당신이 하나님을 사랑하기 훨씬 전부터 하나님은 당신을 사랑하셨습니다. 지나치게 일방적이라고 생각할지 모르지만 그게 진실입니다!

하나님은 당신을 사랑하지 않으실 수 없습니다. 그분의 눈은 당신을 향해 있고 당신을 몹시 좋아하십니다. 당신이 필요로 하기 전에 이미 당신이 필요로 하는 것들을 공급해 주십니다. 그러니 걱정은 내려놓으세요. 하나님께 사랑받는 자매여, 사랑의 아버지 하나님이 다 알아서 하십니다!

제가 저를 사랑하지 않을 때조차 사랑하심에 감사드립니다. 주님의 사랑으로 저를 채우셔서 제가 가는 길에 세워 두신 모든 이를 사랑할 수 있게 도와주세요.

볼지어다. 내가 네 앞에 열린 문을 두었으되 능히 닫을 사람
이 없으리라. 내가 네 행위를 아노니 네가 작은 능력을 가지
고서도 내 말을 지키며 내 이름을 배반하지 아니하였도다.

(요한계시록 3:8)

인생의 경로가 잘못될까 봐 걱정한 적 있나요? 최근에 눈앞에서 기회
가 열리거나 닫힌 경험이 있나요? 걱정할 필요 없습니다. 캐서린 우
드 마샬이 썼듯이 "종종 하나님은 우리 면전에서 문을 닫으십니다. 우
리가 가기를 원하시는 곳으로 통하는 문을 여시기 위해서 말입니다."
하나님께는 당신의 인생을 위한 분명한 계획이 있습니다. 당신이 성
공하고 번창하고 그분이 심으신 곳에서 꽃피우기를 원하십니다. 그
러니 내가 옳은 길에 있는지 틀린 길에 있는지를 걱정하는 대신 하나
님께 나아가십시오. 방향을 틀어야 한다면, 당신 뒤로 오셔서 어느 쪽
으로 가야 할지 알려 달라고 간구하십시오. 그분이 길을 인도하여 낯
설고 혼란스럽지 않게 이끌어 가실 것을 믿고 평안하십시오.

주님, 주님이 어떤 문을 여셨는지, 아니면 닫으셨는지 보여 주세요. 주님이 저
를 옳은 길로 인도해 주실 것을 믿습니다.

상 주시는 하나님

믿음이 없이는 하나님을 기쁘시게 하지 못하나니 하나님께 나아가는 자는 반드시 그가 계신 것과 또한 그가 자기를 찾는 자들에게 상 주시는 이심을 믿어야 할지니라. (히브리서 11:6)

걱정은 내 힘으로 해결할 수 없거나 희망이 없어 보이는 문제 또는 상황에서 생깁니다. 또한 하나님이 도우시고 해답을 알려주시기 전까지 얼마나 버틸 수 있을지 모를 때도 생깁니다.

그러므로 우리는 하나님께서 계신 것과 그분의 얼굴을 구하는 사람들에게 상 주실 것을 믿으며 걱정을 들고 그분께 나아가야 합니다.

하나님의 임재로 들어가서 그분께 집중할 때 처음으로 받는 상은 다른 사람들은 맛볼 수 없는 평안입니다. 하나님 앞에 무거운 짐을 내려놓으면, 그분이 이루어 오신 일 그리고 끊임없이 성취하신 약속에 비해 내 걱정이 얼마나 작은지 깨닫게 됩니다. 하나님께서 기도를 들으시고, 문제를 해결해 주시고, 성취될 때까지 견딜 만한 힘을 상으로 베푸실 것임을 기억하며 평안을 누리시기를!

주님, 모든 것에 앞서 하나님의 얼굴을 구합니다. 하나님이 계신 것을 믿습니다. 주님의 임재로 나아갈 때 측량할 수 없는 평화를 상으로 주실 것을 믿습니다.

여호와께서 기드온에게 이르시되 "너를 따르는 백성이 너무 많은즉 내가 그들의 손에 미디안 사람을 넘겨주지 아니하리니 이는 이스라엘이 나를 거슬러 스스로 자랑하기를 내 손이 나를 구원하였다 할까 함이니라." (사사기 7:2)

이스라엘을 습격하고 있던 미디안을 물리치시기 위해 하나님은 기드온에게 군사를 모으라고 하십니다. 그러자 기드온은 지나치게 많은 전사들을 모았습니다. 이스라엘 백성이 생각할 때 하나님이 아닌 스스로의 힘으로 구원했다고 여길 만큼 많은 수였습니다.

하나님은 기드온에게 몇 가지 명령을 내려 군대를 32,000명에서 300명으로 축소시킨 다음에 적과 싸우러 가게 하셨습니다.

말씀이 증언하는 것처럼, 하나님께서 당신의 진영에 계신다면 하루를 이겨 낼 충분한 자원이 없다고 걱정할 필요가 없습니다. 하나님께서 모든 힘과 능력, 양식을 마련해 주실 것입니다. 승리는 오직 그분의 손에 달려 있습니다.

주님, 오늘 하루를 이겨 내기 위해 제게 필요한 것은 하나님을 제 편에 모시는 것입니다. 주님이 제게 필요한 모든 힘과 능력, 일용할 양식을 공급하실 것을 믿습니다. 승리는 오직 주님 손에 달려 있습니다.

탈출구 하나님

여러분의 앞길에 닥치는 시험과 유혹은 다른 사람들이 직면해야 했던 시험과 다르지 않습니다. 다만 여러분이 기억해야 할 것은, 하나님께서 여러분을 포기하지 않으시고, 여러분이 한계 이상으로 내밀리지 않게 하시며, 그 시험을 이기도록 언제나 곁에 계시며 도우신다는 사실입니다. (고린도전서 10:13, 메시지)

삶의 여정에서 어떠한 곤경을 맞닥뜨릴지라도 완전히 새로운 경험은 아닙니다. 다른 여성들이 이미 이 길을 걸었습니다. 그러니 걱정하거나 두려워하거나 당황하지 마십시오. 다른 사람들이 길을 찾았듯이 당신도 길을 찾을 것입니다.

걱정에 사로잡혀 있는 대신, 모든 염려를 하나님께 가져가십시오. 하나님은 결코 실망시키지 않으십니다. 당신이 감당할 수 없는 범위를 넘어 아주 멀리 흘러가게 두지 않으실 것입니다. 당신 곁에 꼭 붙어서 매 순간 도우시고 힘주실 것입니다.

그러니 하나님을 신뢰하십시오. 완벽한 탈출구를 찾도록 도우시며 그 길을 가는 동안 소중한 교훈도 가르쳐 주실 것입니다.

> 주님, 다른 이들이 전에 이 길을 걸었다는 것을 압니다. 그러니 걱정하지 않겠습니다. 이 시험에서 나가는 길을 찾도록, 그리고 주님께 나아가도록 도와주십시오.

예수께서 이르시되 "어린아이들을 용납하고 내게 오는 것을 금하지 말라. 천국이 이런 사람의 것이니라" 하시고. (마태복음 19:14)

어린아이들은 걱정하지 않습니다. 필요한 음식, 옷, 물, 보호와 사랑, 이 모든 것을 부모가 해결해 줄 것을 신뢰하기 때문입니다. 아이들은 약하여 부모의 도움과 인도함 없이는 멀리 갈 수 없습니다. 길을 건널 때나 상점을 갈 때, 계단을 오르거나 침대에 누울 때, 부모님이 안전하게 이끄실 것을 알기에 아이들은 부모님 손을 잡고 행복해합니다. 하나님은 우리가 어린아이 같기를 바라십니다. 아무것도 걱정 말고 무엇에나 그분을 의지하기를 원하십니다. 하나님께 완전히 의지해, 그분의 손을 잡지 않고는 멀리 갈 수 없음을 알며 겸손히 행하기를 바라십니다.

어린아이와 같이 될 때 주님 안에서 안전하게 성장할 것입니다.

주님은 저에게 너무나 좋으신 엄마요 아빠이십니다. 어린아이와 같은 마음으로, 주님이 제가 가야 할 곳으로 안전하게 이끌고 계심을 믿도록 도와주세요. 저를 주님의 손에 온전히 맡겨 드립니다.

하나님께 집중하기

"우리 하나님이여, 그들을 징벌하지 아니하시나이까. 우리
를 치러 오는 이 큰 무리를 우리가 대적할 능력이 없고 어떻
게 할 줄도 알지 못하옵고 오직 주만 바라보나이다" 하고.

(역대하 20:12)

세 군대가 연합하여 유다 왕 여호사밧을 공격하러 오고 있었습니다.
여호사밧은 자신과 백성의 처지를 생각하며 처음엔 두려워했습니다.
하지만 곧 "여호와께로 낯을 향하여"(역대하 20:3) 기도했습니다.

여호사밧은 하나님의 힘과 능력을 기억해 냈습니다. 자신과 그의 백
성에게는 연합군대에 맞서 싸울 힘이 없음을 인정하고 하나님의 도
우심을 간구했습니다. 무엇을 해야 할지 알지 못했지만 하나님께 집
중하고 그분을 바라보았습니다.

해야 할 바를 알지 못할 때 처음에는 염려가 될 것입니다. 하지만 기
도는 하나님이 당신을 재정비하게 해줄 것입니다. 그분을 찾고 그분
의 힘을 기억하십시오. 내게 있는 연약함과 혼돈을 인정하십시오. 그
런 다음 하나님께 집중하면 그분이 베푸시는 승리를 얻을 것입니다.

주님은 강하고 능하시나 저는 약한 존재입니다. 해야 할 바를 알지 못하지만
주님을 주목합니다. 주님께 승리가 달려 있음을 압니다.

야하시엘이 이르되 "온 유다와 예루살렘 주민과 여호사밧 왕이여 들을지어다. 여호와께서 이같이 너희에게 말씀하시기를 '너희는 이 큰 무리로 말미암아 두려워하거나 놀라지 말라. 이 전쟁은 너희에게 속한 것이 아니요 하나님께 속한 것이니라. … 이 전쟁에는 너희가 싸울 것이 없나니 대열을 이루고 서서 너희와 함께한 여호와가 구원하는 것을 보라. 유다와 예루살렘아, 너희는 두려워하지 말며 놀라지 말고 내일 그들을 맞서 나가라. 여호와가 너희와 함께하리라' 하셨느니라" 하매. (역대하 20:15, 17)

여호사밧 왕이 기도한 후에 하나님은 야하시엘을 통해 여호사밧과 그의 백성에게 말씀하셨습니다. "전쟁은 하나님께 속한 것이니 두려워하거나 놀라지 말고, 다만 하나님께서 가라는 곳으로 가라. 가만히 서서 그분이 구원하시는 것을 보라!"

갈등이나 도전 앞에 서 있을 때, 이 강렬한 말씀을 마음에 두십시오. 상황에 대한 두려움, 어떻게 해야 할지에 대한 염려를 줄여 줄 것입니다. 당신과 당신의 전쟁을 하나님 손에 두십시오. 그리고 하나님이 가라고 하시는 곳으로 가십시오. 하나님께서 함께하시는 것을 기억하고 잠잠히 서서 기이한 일을 행하시는 주님을 지켜보십시오.

주님이 무엇을 행하실지는 모르지만, 제가 할 일은 압니다. 주님이 말씀하시는 곳으로 가서 잠잠히 주님의 일하심을 바라보겠습니다.

이에 백성들이 아침에 일찍이 일어나서 드고아 들로 나가니라. 나갈 때에 여호사밧이 서서 이르되 "유다와 예루살렘 주민들아, 내 말을 들을지어다. 너희는 너희 하나님 여호와를 신뢰하라. 그리하면 견고히 서리라. 그의 선지자들을 신뢰하라. 그리하면 형통하리라" 하고. (역대하 20:20)

행진하라는 명령을 하나님께 받은 여호사밧은 "하나님을 신뢰하고 견고히 서라. 그리하면 이 전쟁에서 형통할 것이다"라고 백성들에게 말했습니다. 그러고는 노래하는 사람들을 택하여 그의 군대 앞으로 행군하며 하나님을 찬양하도록 했습니다. "그 노래와 찬송이 시작될 때 여호와께서 복병을 두어 … 치게 하시므로 그들이 패하였으니 … 그들이 서로 쳐죽였더라"(역대하 20:22-23). 유다군이 전투지에 도달할 무렵에는 전리품을 거두는 것 외에는 할 일이 아무것도 없었습니다. 두려움과 근심에 대항하는 가장 큰 무기는 기도와 찬양입니다. 인도하심을 위해 기도하고 당신이 사랑하고 믿는 하나님을 찬양하십시오. 견고히 설 수 있을 뿐만 아니라 풍성한 보물까지 발견할 것입니다.

주님, 저를 위해 싸워 주심에 감사합니다. 주님의 인자하심이 영원합니다! (역대하 20:21)

위를 보라

그리스도께서 주관하시는 것들을 추구하십시오. 발을 질질 끌며 땅만 쳐다보고 다니거나, 바로 눈앞에 있는 것들에 관심을 빼앗기지 마십시오. 위를 바라보고, 그리스도 주위에 무슨 일이 일어나고 있는지에 주목하십시오. 정말 중요한 일이 벌어지고 있는 곳은 바로 그곳입니다! 그분의 시각에서 사물을 보십시오. (골로새서 3:2, 메시지)

사람들이 스마트폰을 들여다보며 줄지어 걸어가는 것을 본 적 있나요? 그들은 최신 문자, 메일, 뉴스를 놓칠까 봐 안절부절못합니다. 모바일 기기 안에서 벌어지고 있는 일들에 지나치게 몰두되어 자신이 어디로 가고 있는지 주시하지 않습니다. 미처 깨닫기 전에 무엇에 부딪히거나 걸려 넘어져 다치기도 합니다.

하나님은 당신이 땅의 것에서 벗어나 하늘의 것에 집중하기를 원하십니다. 예수님이 행하고 계신 것을 확인하고, 그분의 관점으로 사물을 바라보길 원하십니다. 눈을 들어 그분을 바라보면 당신이 비상해야 할 곳에서 휘청거리지 않도록 그분이 도우실 것입니다.

예수님, 저는 이 땅의 것들에 애착이 많아서 세상 것에 매여 걱정하고 넘어지곤 합니다. 눈을 들어 예수님을 바라보고 예수님이 행하시는 일에 깨어 있도록 도와주세요.

주께서 심지가 견고한 자를 평강하고 평강하도록
지키시리니 이는 그가 주를 신뢰함이니이다.

(이사야 26:3)

성령과 신부가 말씀하시기를 "오라" 하시는도다. 듣는 자도 "오라" 할 것이요, 목마른 자도 올 것이요, 또 원하는 자는 값없이 생명수를 받으라 하시더라. (요한계시록 22:17)

하나님께 나아가서 근심과 염려를 내려놓기엔 너무 부족한 사람이라 여겨져서 걱정된 적이 있나요? 하나님의 자비, 예수님의 사랑, 그리고 성령님의 도우심을 구하고 받을 만한 자격이 내게는 없다고 생각한 적이 있나요?

〈죄인이여 오라〉라는 찬송가에서 작사가 조셉 하트는 말합니다. "오라, 너희 지치고 무거운 짐 진 자들 / 길을 잃고 넘어져 패망한 자들 / 나아질 때까지 지체한다면 너희는 결코 나아올 수 없으리"

하나님은 당신이 완벽하지 않음을 아십니다. 당신을 구하려고 예수님을 보내셨고, 도우려고 성령님을 남기셨습니다. 그러니 지체하지 마십시오. 하나님께 가서 당신의 짐을 내려놓으십시오. 그분의 빛을 받으십시오. 영혼을 위한 양식, 정신을 위한 힘, 마음을 위한 사랑을 찾을 것입니다.

제 모습 그대로 주님께 나아갑니다. 근심들을 가져가시고 주님의 평안을 주소서.

자기의 육체를 위하여 심는 자는 육체로부터 썩어질 것을 거두고 성령을 위하여 심는 자는 성령으로부터 영생을 거두리라. (갈라디아서 6:8)

걱정 상태에 빠져 있다면, 육체를 위해 심고 있는 것입니다. 걱정 씨앗을 심으면 그것은 두려움과 공포로 자라나 더 많은, 더 심각해진 걱정을 추수할 것입니다. 당신도 모르게, 원치 않은 행동을 하거나 말을 내뱉어 다른 이들의 영혼을 파괴하고 죽입니다.

그러니 걱정이 불쑥 나타날 때, 자신과 세상을 위해 이렇게 하십시오. 먼저 심호흡을 하세요. 그런 다음 말씀으로 파고드세요. 마음을 진정시키고 믿음을 세워 주는 성경 구절을 찾으십시오. 그 구절을 마음에 새기고 하나님의 얼굴과 평강을 구하십시오. 곧 성령 안에 심고 영생의 빛을 거둘 것입니다.

주님, 근심을 심는 데에 지쳤습니다. 근심은 더 크고 나쁜 걱정들로 자라납니다. 제가 주님 안에서 자라고, 성령 안에 심으며, 주님의 빛을 거두도록 도와주십시오.

우리가 선을 행하되 낙심하지 말지니 포기하지 아니하면 때가 이르매 거두리라. 그러므로 우리는 기회 있는 대로 모든 이에게 착한 일을 하되 더욱 믿음의 가정들에게 할지니라. (갈라디아서 6:9-10)

걱정의 수렁에 빠지면 그 어떤 것에도 집중할 여력이 없습니다. 오직 당신을 걱정스럽게 하고 영향을 미치는 것에만 몰두하게 됩니다. 모든 시선이 자신에게 향하고 있어 다른 누구를 도울 기회를 살피거나 그 기회를 이용하는 것이 불가능합니다. 타인에게 복이 되는 것을 멈춘 상태이죠.

하나님은 당신이 하나님과 당신 자신뿐 아니라 이웃들도 사랑하기를 원하십니다. 이웃들이 육체적으로, 정서적으로, 영적으로, 재정적으로, 정신적으로 상처 입고 피를 흘리며 넘어져 있습니다.

오늘 밖으로 나가 이웃과 친구, 친척, 낯선 이들을 위해 무언가 선한 일을 함으로써 하나님과 다른 이들 안으로 들어가십시오. 다른 이들에게 집중하면 사랑의 빛 가운데서 당신의 걱정들이 엷어질 것입니다.

곤경에 처한 이들을 돕는 데까지 제 시야를 넓히기 원합니다. 제가 주님의 이름으로 누구를 돕고 사랑해야 하는지 보여 주십시오.

주의 약속은 어떤 이들이 더디다고 생각하는 것같이 더딘 것이 아니라 오직 주께서는 너희를 대하여 오래 참으사 아무도 멸망하지 아니하고 다 회개하기에 이르기를 원하시느니라. (베드로후서 3:9)

배우자가 예수님을 믿지 않아 홀로 교회에 나오는 여성이 많습니다. 이들을 가리켜 '교회 과부'(church widows)라고 부릅니다. 당신도 그런 처지에 있을지 모릅니다. 내가 사랑하는 사람이 믿음을 가질 수 있으려나 싶어 걱정하며 궁금해할 것입니다.

다른 사람의 구원을 놓고 염려하는 것은 좋지만 소모적이 되어서는 안 됩니다. 사랑하는 사람, 곧 배우자, 자녀, 부모, 친구의 구원을 걱정하는 데 시간을 보내는 대신 하나님께 시선을 고정하십시오. 하나님은 오래 참으시며, 모든 이들에게 하나님의 아들을 따를 기회를 주시려는 계획이 있습니다. 하나님이 이 일을 이루시기까지 당신은 최대한 '하나님을 따르는 자'가 되십시오. 다른 이들의 영혼을 위해 기도하되 그들의 장래는 하나님의 능하신 손에 맡기십시오.

주님, 항상 저와 함께 해주셔서 감사합니다. 오늘 예비 크리스천인 OOO, OOO을 하나님께 올려 드립니다.

너의 마음을 다하여 주님을 의뢰하고, 너의 명철을 의지하지 말아라. 네가 하는 모든 일에서 주님을 인정하여라. 그러면 주님께서 네가 가는 길을 곧게 하실 것이다. (잠언 3:5-6, 새번역)

인생의 어느 지점에서 당신은 하나님을 섬기기 위해 무엇을 하면 좋을지 하나님께 물었을 것입니다. 선교사, 목회자, 아내, 엄마, 작가, 비서, 경영자, 시장 등이 되어야 하느냐고 말입니다. 하나님께서 기도에 응답하셔서 당신이 열정을 품었던 그 분야로 인도하셨을 수도 있습니다. 하지만 시간이 흘러 열정은 사그라들고, 당신을 위한 어떤 새로운 길이 있는 건 아닌지 궁금할 것입니다. 아니면, 처음부터 잘못된 길로 들어선 것은 아니었는지 걱정이 들기도 합니다.

그렇다면 어떤 길로 가야 할지 하나님께 다시 물어야 할 때입니다. 하나님이 이끄실 것을 신뢰하되, 그분이 명백히 보여 주시기까지는 나서지 마십시오. 인내가 상급이 될 것입니다.

주님께 의지합니다. 제가 가기 원하시는 길을 보여 주십시오. 하나님을 신뢰합니다.

주님께 경배하라

오직 주는 여호와시라. 하늘과 하늘들의 하늘과 일월 성신과 땅과 땅 위의 만물과 바다와 그 가운데 모든 것을 지으시고 다 보존하시오니 모든 천군이 주께 경배하나이다. (느헤미야 9:6)

오늘, 일상의 분주함에서 잠시 벗어나 쉼이 있는 기도 산책을 떠나 보세요. 뒷마당, 근처 공원, 해변, 작은 개울가, 가로수길 같은 자연으로 발걸음을 옮겨 보세요. 그곳에 가서 조용히 서서 하나님께서 당신에게 공급하고 즐거움을 주기 위해 창조하신 모든 경이로운 것들에 대해 생각해 보세요.

나무껍질과 꽃잎을 만져 보세요. 날씨가 따뜻하다면 신을 벗고 풀밭을 걷거나 모래사장에서 발가락을 꼼지락거려 보세요. 하늘을 바라보고, 하나님의 위대하심을 몸으로 느껴 보세요.

기도로써 하나님의 창조세계와 다시 연결되어 그 광대함을 생각한다면 근심들이 작아 보일 것입니다. 당신의 입술과 마음은 오직 찬양으로 가득 찰 것입니다.

주님이 창조하신 모든 것의 다양함과 광대함에 가슴이 벅찹니다. 제가 걱정을 멈추고 하나님이 사랑하는 자들을 위해 하늘과 땅에 행하신 모든 것에 감탄하며 찬양하게 하소서.

초인적인 능력

이러므로 우리가 하나님께 끊임없이 감사함은 너희가 우리에게 들은 바 하나님의 말씀을 받을 때에 사람의 말로 받지 아니하고 하나님의 말씀으로 받음이니 진실로 그러하도다. 이 말씀이 또한 너희 믿는 자 가운데에서 역사하느니라. (데살로니가전서 2:13)

상상해 보십시오! 하나님의 말씀을 믿고 의지해 그 말씀이 당신 안에서 "초인적인 능력을 발휘"(데살로니가전서 2:13, AMPC)하는 장면을! 하나님의 말씀이 당신에게 필요한 전부입니다! 말씀은 구원하고, 인도하고, 경고하고, 상을 내리며 상담해 줍니다. 하나님 뜻대로 창조하신 여성으로 훈련하고 성장시킵니다. 영을 살아나게 하고, 힘을 회복해 주며, 마음을 위로하고, 영혼에 양분을 공급하며, 마음을 새롭게 합니다. 힘을 북돋아 주고, 기쁨을 주며, 평탄케 합니다.

근심은 잊으십시오. 말씀에 초점을 맞추십시오. 하나님께서 당신을 온전히 변화시키실 것입니다.

하나님의 초인적인 능력에 다가서고 싶습니다. 저의 염려를 주님 손에 거두시고 말씀으로 채우소서.

이때를 위함이 아닌지

"이때에 네가 만일 잠잠하여 말이 없으면 유다인은 다른 데로 말미암아 놓임과 구원을 얻으려니와 너와 네 아버지 집은 멸망하리라. 네가 왕후의 자리를 얻은 것이 이때를 위함이 아닌지 누가 알겠느냐" 하니. (에스더 4:14)

아름다운 유다 소녀 에스더는 고아로서 왕비가 되었습니다. 사촌 모르드개가 유다 백성이 박해당할 조짐을 발견하고는 에스더 왕비에게 메시지를 보냈습니다. 에스더가 왕에게 도움을 요청해 유다 백성을 구할 때인 것 같다고요.

그의 전언을 받은 에스더는 굳게 결심하고 모르드개에게 백성을 모아 삼 일간 금식하며 기도해 달라고 부탁합니다. 그러면서 "금식한 후에 규례를 어기고 왕에게 나아가리니 죽으면 죽으리이다"(에스더 4:16)라고 했습니다.

하나님이 그분의 사역으로 부르고 계신다고 느끼나요? 그렇다면 하나님의 이름을 믿고 담대히 나아가십시오. 그리고 기도하십시오. 근심을 평강으로, 두려움을 용기로 바꾸어 주시기를 간구하십시오. 하나님이 부르시는 이때, 하나님을 섬길 기회를 놓치지 마십시오.

저를 위해 갖고 계시는 기회들을 드러내소서. 주님의 평강과 용기로 견고해져서 하나님을 섬기겠습니다.

기이한 일 묵상하기

내가 날마다 주를 송축하며 영원히 주의 이름을 송축하리이다. … 주의 존귀하고 영광스러운 위엄과 주의 기이한 일들을 나는 작은 소리로 읊조리리이다. (시편 145:2, 5)

목동이었다가 왕이 된 다윗은 하나님께 이야기하는 것을 좋아했습니다. 다윗은 자신이 지은 많은 시편에서 두려움, 비통함, 염려들을 말합니다. 하지만 다윗은 그의 삶에서 좋은 일들도 고백합니다. 주님이 날마다 행하시는 새롭고 기이한 일들에 적극적으로 눈을 열어 하나님을 찬양했습니다. 그러고는 하루 종일 하나님의 기이한 일들을 마음에 담아 두려 애썼습니다.

당신도 다윗처럼 해보면 어떨까요? 걱정을 내려놓고 하나님을 찬양할 새로운 무언가를 적극적으로 찾아보십시오. 주변에서 일어나는 하나님의 기이한 일들과 그분의 일하심에 눈을 뜨십시오. 하루 동안 그것들을 생각해 보십시오. 좋은 일들을 찾느라 너무 바빠서 걱정할 시간이 없을 것입니다.

오늘 저는 주님을 찬양하고 흠모할 만한 새로운 이유를 찾고 있습니다. 주님이 행하신 기이한 일들을 묵상하겠습니다.

오직 내 말을 듣는 자는 평안히 살며 재앙의 두려움이 없이
안전하리라. (잠언 1:33)

잠언 1장 33절은 어떤 성경 번역본으로 읽더라도 많은 것을 보여 줍
니다. 이 구절을 풀어 옮기면 이렇습니다. "나를 경청하는 사람은 누
구나 염려 없이 살 것이며 재앙의 두려움으로부터 자유로울 것이다."
여기서 "나"는 지혜를 가리키며, 잠언의 몇몇 장에서는 여성으로 의
인화되어 있습니다.

염려 없이 살고 싶다면 하나님께 고민을 쏟아낼 뿐 아니라, 그분이 반
응하실 때 '들어야' 합니다. 하나님의 말씀과 목소리가 이끄시는 곳으
로 따라가야 합니다. 그래야만 조마조마하지 않고 악과 재난에 대한
두려움으로부터 자유로워질 수 있습니다. 더는 마음속으로 최악의
시나리오를 그려 보며 어떻게 반응해야 할지 예행연습하지 않고, 안
전하고 고요하고 평화롭게 살 수 있습니다. 하나님께서 최고의 시나
리오를 펼쳐 주시리라는 것을 확신하기 때문입니다.

침착하고 자신감 있게 살고 싶습니다. 주님의 지혜에 저의 귀를 엽니다. 주님,
말씀하소서!

네가 굶주린 자들에게 아낌없이 베풀고 밑바닥 사람들을 위해 일하기 시작한다면, 네 삶이 어둠을 뚫고 빛나기 시작할 것이다. 그늘졌던 네 삶에 햇빛이 가득해지리라. (이사야 58:10, 메시지)

염려가 삶의 어두운 그늘이 되고 있다면, 자신에게서 나와서 다른 사람들에게 들어가십시오. 물품을 기부할 수 있는 푸드마켓을 찾아가거나, 이번 추수감사절에 무료 급식소에서 자원봉사하는 것을 생각해 보십시오. 남편을 잃고 홀로 된 여성의 일손을 거들거나, 자동차가 없는 사람을 교회까지 태워 주거나, 가난한 어린아이들을 경제적으로 지원하십시오.

당신의 에너지를 다른 사람들을 돕는 데 쓰면, 이 어두운 세상에서 빛을 발하기 시작할 것입니다. 그늘진 삶이 하나님 아들의 빛으로 밝아질 것입니다. 사람들이 "그녀처럼 되고 싶어요"라고 말하는 것을 당신이 듣게 될 것입니다. 그보다 나은 증언은 없습니다.

주님, 근심의 그늘에서 벗어나고 싶습니다. 눈을 떠 도움이 필요한 사람들을 볼 수 있게 도우소서. 누군가에게 도움이 되고, 하나님 나라의 강력한 힘이 되고, 저의 삶을 밝히는 이 세 가지 일을 동시에 이루기 위해 오늘 제가 할 수 있는 일은 무엇일까요?

"확실히 알겠습니다. 주께서는 무슨 일이든 하실 수 있고 누구도, 그 무엇도 주님의 계획을 망칠 수 없습니다." (욥기 42:2, 메시지)

하나님은 확실히 약속하셨습니다. 그 약속은 하나님 말씀 안에서 찾을 수 있습니다. 당신은 그 약속에 믿음을 더할 필요가 있습니다. 하나님께서 모든 것을 하실 것이고 하실 수 있음을 확신해야 합니다. 그 누구도 당신과 모든 창조세계를 위해 하나님이 계획하신 바를 망칠 수 없습니다. 이러한 확신이 있다면, 믿음이 조바심을 항상 이길 것입니다.

하나님의 말씀이 걱정들을 이긴다는 믿음의 기반을 단단히 다지기 위해 다음의 이사야 말씀을 기억하십시오. "나의 입에서 나오는 말들도 결코 빈손으로 돌아가지 않는다. 나의 말들은 내가 계획한 일을 이루며, 내가 맡긴 임무를 완수한다"(이사야 55:11, 메시지).

걱정하지 마십시오. 하나님께서 약속을 지키신다고 약속하십니다. 당신에게는 그분의 말씀이 있습니다.

믿음을 굳건히 하도록 도와주십시오. 하나님께서 제 인생에서 하시리라 약속하신 것을 이루신다는 확신 가운데서 제가 어떻게 성장해 갈지 알려 주십시오. 그 누구도 그 무엇도 주님의 계획을 망칠 수 없습니다!

내가 기억하는 또 한 가지가 있으니, 나, 그것을 기억하며,
희망을 붙든다. 하나님의 신실한 사랑은 다함이 없고, 그분
의 자애로운 사랑은 마르는 법이 없다. 그 사랑은 아침마다
다시 새롭게 창조된다. 주의 신실하심이 어찌 그리도 크신
지! (예레미야애가 3:21-22, 메시지)

어떤 상처는 다른 상처들보다 치유하기가 어렵고, 어떤 걱정은 지속
적으로 불쑥불쑥 튀어나오기도 합니다.

하지만 힘을 내십시오. 결코 다함이 없고 마르지 않는 하나님의 사랑
과 자비를 기억하며 희망을 꼭 붙드십시오. 아침마다 하나님의 말씀
과 기도와 묵상으로 시간을 보낼 때, 창조주 하나님과 연결될 수 있도
록 사랑과 자비를 새로이 공급해 주십니다. 그러니 하나님께서 성령
님을 통해 말씀하실 수 있도록 공간과 시간을 내어 드리십시오. 새로
운 생각들에 마음을 열어 보십시오. 신실하신 하나님께서 당신이 가
장 필요로 하는 곳에서 만나 주실 것입니다.

주님, 의심과 시련, 염려의 때에 저를 위해 항상 사랑과 자비를 새로이 공급해
주시고 매일 아침 함께하고 계심을 상기시켜 주십시오. 제 마음 깊이 말씀하
여 주십시오. 저를 향하신 끝없는 신실하심을 찬양합니다!

바위 위에 두시리라

여호와께서 환난 날에 나를 그의 초막 속에 비밀히 지키시고 그의 장막 은밀한 곳에 나를 숨기시며 높은 바위 위에 두시리로다. (시편 27:5)

근심이 가득할 때, 곤경으로 눈물 흘릴 때 가야 할 곳은 오직 하나입니다. 기도로 하나님께 나아가십시오. 그분께 달려가십시오. 당신의 영을 그분의 영과 하나 되게 하십시오. 예수님의 사랑과 긍휼히 여기심을 느끼십시오. 염려들이 스르르 풀려 하나님께 가도록 하십시오. 하나님의 사랑의 은신처에 숨은 자신을 보십시오. 하나님께서 당신을 높여 주시고, 당신을 끌어내리려 하는 세상 염려, 문제, 위험, 시험보다 더 높은 바위 위에 두십니다.

그 바위 위에 서면 당신이 강한 크리스천 여성, 예수님의 자매, 왕의 사랑스러운 딸, 성령님의 통로라고 하나님께서 속삭여 주십니다. 주님 안에 굳건히 서십시오.

주님께 피합니다. 주님의 은밀한 곳에 저를 숨겨 주십시오. 바위 위로 올려 주십시오. 제가 누구인지 상기시켜 주십시오.

축복의 비

왕이 이르되 "이스라엘 하나님 여호와를 송축할지로다. 여호와께서 그의 입으로 내 아버지 다윗에게 말씀하신 것을 이제 그의 손으로 이루셨도다." (역대하 6:4)

주님이 선지자 엘리야에게 "너는 가서 아합에게 보이라. 내가 비를 지면에 내리리라"(열왕기상 18:1)라고 하셨을 때, 땅은 극심한 가뭄을 겪고 있었습니다. 엘리야는 하나님의 명령에 따라 마침내 아합 왕에게 말했습니다. "올라가서 먹고 마시소서. 큰 비 소리가 있나이다"(열왕기상 18:41). 그리고 엘리야는 갈멜산 정상에 올라 땅에 꿇어 엎드려, 그의 얼굴을 무릎 사이에 넣었습니다.

엘리야는 사환에게 올라가 바다 쪽을 바라보라고 여섯 번이나 일렀습니다. 그때마다 사환은 보고 돌아와 "아무것도 없나이다"라고 했습니다. 그러나 일곱 번째 올라갔을 때, 사환은 큰 비로 이어지는 작은 구름을 보았습니다.

하나님께서 하시리라고 말씀하신 것에 염려와 좌절이 의심의 구름을 드리우지 않도록 하십시오. 그저 주님을 계속 바라보십시오. 그분은 '입으로 말씀하신 것을 손으로 이루실 것'입니다.

주님의 약속을 믿습니다. 축복의 비를 내리실 것을 믿습니다!

도움을 구하며 부르짖는 이 있느냐? 하나님께서 귀 기울여 들으시고 구하시리라. (시편 34:17, 메시지)

하나님이 듣기는 하시는지 궁금할 때가 있나요? 당신의 기도가 묵살당할까 봐 걱정이 되나요?

그러지 마십시오. 당신의 염려, 문제, 질문에 대해 하나님이 관심도 없으시고 듣지도 않으신다고 생각하도록 하는 것은 악한 영입니다. 당신과 주님 사이를 틀어지게 하려는 자는 거짓의 아비인 사탄입니다. 진실은, 당신이 기도 가운데 내뱉은 모든 말이 향기로운 연기처럼 하나님께 올라간다는 것입니다(요한계시록 8:4).

오늘 하나님께 기도하러 갈 때, 그분이 당신의 말을 몹시도 듣고 싶어 하시며 기다리고 계시다는 것을 머릿속에 그려 보십시오. 한마디 한마디를 기다리시는 하나님을 바라보십시오. 하나님께 말씀드린 후 그분의 반응을 기다리십시오. 그분의 말씀이 당신을 더 가까이 그분 곁으로 이끌고 구원할 것입니다.

"하나님, 가까이 오소서. 어서 오소서! 주님의 귀 활짝 여셔서, 내 소리를 들어 주소서! 내 기도를 주께 피어오르는 향으로 여겨 주소서. 들어 올린 두 손은 나의 저녁기도입니다"(시편 141:1-2, 메시지).

말 없는 기도

이와 같이 성령도 우리의 연약함을 도우시나니 우리는 마땅히 기도할 바를 알지 못하나 오직 성령이 말할 수 없는 탄식으로 우리를 위하여 친히 간구하시느니라. (로마서 8:26)

나에게 닥친 염려와 문제로 너무 힘들어 하나님께 무슨 말씀을 드려야 할지 모를 때가 있을 것입니다. 바로 그 지점에서 성령님이 들어오십니다. 성령님은 당신의 마음과 정신, 혼과 영이 표현하려는 바를 정확히 아시고 그 갈망을 하나님께 전달해 주십니다.

C. S. 루이스는 기도에 대한 그의 규칙 중 하나로 "가능할 때는 침묵 기도를 하지만 몸이 지쳤거나 다른 면에서 여의치 않을 때는 소리 내어 기도합니다"*라고 썼습니다.

이 말의 요점은, 말로 옮길 수 없다고 해서 기도를 결코 피하지 말라는 것입니다. 그저 당신의 상태 그대로 하나님께 나아가십시오. 그분 앞에 앉아 그분이 들어오시도록 초청하십시오. 당신의 영을 그분께 올려 드리십시오. 모든 것이 명확해질 것입니다.

* C. S. 루이스, 《당신의 벗, 루이스》(홍성사, 2013), 386쪽.

성령 안에서 교통하기 위해 주님께 나아갑니다. 제 안에 있는 모든 것을 이해하신다는 믿음으로 주님의 임재 가운데 안식합니다.

믿음은 바라는 것들의 실상이요 보이지 않는 것들의 증거니. (히브리서 11:1)

근심은 두려움 때문에 생깁니다. 누군가는 '두려움'(fear)을, 현실처럼 보이는 거짓 증언(false evidence appearing real)이라고 말했습니다. 하나님은 하나님 자신과 그분의 말씀에 대한 믿음으로 근심과 두려움을 극복하게 하실 것입니다. 믿음은 희망 사항이 아니라 하나님께서 약속하셨고 지키신다는 것을 '아는 것'입니다. 그래서 그 약속들을 아직 자각하지 못했을지라도, 존재하는 현실로 받아들일 수 있습니다.

성경을 읽을 때, 하나님께서 말씀하시고 약속하신 모든 것이 믿는 자들을 위한 것임을 보게 되고 이해하기 시작합니다. 이 동일한 사실이 오늘날 당신에게도 유효합니다. 그러니 근심, 두려움을 내려놓고 믿음과 소망을 붙드십시오. 하나님은 이미 당신을 위해 일하고 계시며, 이 글을 읽는 순간에도 그분의 약속을 당신의 현실로 바꾸고 계십니다.

믿습니다. 주님. 제가 믿습니다.

담대한 믿음

여러분이 무엇을 어떻게 해야 할지 모르겠거든, 아버지께 기도하십시오. 그분은 기꺼이 도와주시는 분이십니다. 여러분은 그분의 도우심을 받게 될 것이며, 그분의 도우심을 구할 때 부끄러움을 당하지 않을 것입니다. 망설이지 말고, 믿음을 가지고 담대히 구하십시오. (야고보서 1:5, 메시지)

하나님은 담대한 기도자들, 즉 필요한 지혜와 도움을 하나님께서 공급해 주실 것을 의심하지 않고 믿음으로 그분께 나아오는 사람들을 사랑하십니다.

야고보서 1장에서 야고보(예수님의 형제)는 의심하는 사람들에 대해 계속 써 내려갑니다. "'기도해 놓고 염려하는' 사람은 바람에 밀려 출렁이는 물결과 같습니다. 그런 식으로 태도를 정하지 않은 채 바다에 표류하는 사람은, 주님께 무언가 받을 생각을 하지 마십시오"(야고보서 1:6-8, 메시지). 하나님은 의심을 품지 않고 담대히 그분께 나아오는 사람들을 기뻐하십니다.

구하고 믿으십시오. 주님으로부터 모든 인도하심과 도우심을 받을 것입니다. 당신이 처한 곳과 능력보다 하나님을 더 신뢰하십시오.

저에게 필요한 도움과 지혜를 구하며 주님을, 오직 주님을 신뢰합니다. 길을 보여 주십시오.

주님의 종인 내게 하신 말씀을 기억하소서. 그 말씀을 내가 죽기 살기로 붙듭니다! 고난당할 때 그 말씀이 나를 붙들고 주님의 약속이 내 원기를 회복시켜 줍니다. (시편 119:49-50, 메시지)

어려운 시기를 지날 때, 근심으로 마음이 무거울 때, 위로를 찾을 수 있는 곳이 딱 한 군데 있습니다. 하나님의 말씀, 거기서만 힘과 자양분, 위로와 소망을 찾을 것입니다.

아무런 생각도 못 할 만큼 혼란스럽고 걱정이 된다면, 당신이 가야 할 최고의 장소는 시편입니다. 시편은 누군가의 일기장을 읽는 것과 같습니다. 시편 기자는 그들의 문제, 두려움, 의심, 걱정, 역경을 기록합니다. 그리고 하나님께서 행하셨고, 지금 행하시고, 앞으로 행하실 놀라운 일들에서도 하나님을 찬양해야 할 이유를 찾아냅니다.

하나님의 말씀을 꼭 붙드십시오. 그분이 마음에 말씀하시고, 정신을 고양시키며, 영혼을 다독일 것입니다.

사랑하는 하나님. 주님의 위로를 갈망합니다. 주님 말씀 속에서 제가 읽고, 알고, 공부해야 하는 것들을 보여 주십시오. 귀한 말씀으로 저를 붙들어 주십시오.

예수님 바라보기

이러므로 우리에게 구름같이 둘러싼 허다한 증인들이 있
으니 모든 무거운 것과 얽매이기 쉬운 죄를 벗어 버리고 인
내로써 우리 앞에 당한 경주를 하며 믿음의 주요 또 온전하
게 하시는 이인 예수를 바라보자. 그는 그 앞에 있는 기쁨을
위하여 십자가를 참으사 부끄러움을 개의치 아니하시더니
하나님 보좌 우편에 앉으셨느니라. (히브리서 12:1-2)

오늘의 성경 구절은 조금 길지만, 걱정에 관한 문제의 핵심을 짚어 주
면서 우리가 무엇을 해야 할지 알려 줍니다.

앞서 간 많은 믿음의 선진들이 하나님의 진리를 증명했습니다. 그들
의 예는, 근심은 물론 그리스도 안에서 길을 가는 데 방해가 되는 것
은 무엇이든 벗어버리게 하기에 충분합니다.

걱정은 하나님의 빛과 진리 안에서 사는 것을 방해합니다. 당신의 삶
과 기도에서 예수님을 중심에 두고 그분을 바라보십시오.

예수님, 저를 사망에서 건지실 뿐 아니라 여성들을 괴롭히는 두려움과 염려들
로부터 구해 주셔서 감사합니다. 예수님만을 바라보며 진정 주님의 길을 걷도
록 도와주십시오.

평안을 너희에게 끼치노니 곧 나의 평안을 너희에게 주노라. 내가 너희에게 주는 것은 세상이 주는 것과 같지 아니하니라. 너희는 마음에 근심하지도 말고 두려워하지도 말라.

(요한복음 14:27)

최근 당신은 충실하게 걱정을 하나님께 맡기며 날마다 기도를 통해 예수님의 평강에 다가가는 꽤 좋은 시간을 보내고 있습니다. 그런데 누군가가 자신의 근심들을 터트리며 다가옵니다. 그러면 어느새 영원히 떠났다고 생각했던 염려들이 다시 자리를 박차고 일어섭니다. 이럴 때 우리는 어떻게 하면 좋을까요?

잘 들어 주되, 다른 사람의 두려움이 당신 안에 있는 두려움을 다시 일으키게 해서는 안 됩니다. 걱정하는 동료를 위해 그저 기도하십시오. 그들은 지레짐작해서 생긴 걱정을 사실로 바라보고 있다는 것을 깨달으십시오. 누구보다 당신이 더 잘 알 것입니다. 당신은 생명의 말씀 안에 있기 때문입니다. 평강과 지혜를 주시는 예수님을 품고 있는 당신은 하나님 안에서, 모든 것이 정말이지 괜찮을 것입니다.

예수님. 예수님과 함께 있는 저는 걱정꾼 동료가 아니라 용사 동료입니다!

예수께서 깨어 바람을 꾸짖으시며 바다더러 이르시되 "잠잠하라, 고요하라" 하시니 바람이 그치고 아주 잔잔하여지더라. 이에 제자들에게 이르시되 "어찌하여 이렇게 무서워하느냐? 너희가 어찌 믿음이 없느냐?" 하시니. (마가복음 4:39-40)

예수님은 제자들에게 배를 타고 호수 건너편으로 가자고 제안하셨습니다. 배를 타고 가는 동안 배의 고물에서 잠이 든 예수님은 큰 폭풍우가 일어나 물이 배에 들어차는데도 계속 주무셨습니다!

제자들이 예수님을 깨우며 말했습니다. "우리가 죽게 된 것을 돌보지 아니하시나이까?"(마가복음 4:38) 그때 예수님이 일어나셔서 폭풍우를 잠잠케 하시며 제자들에게 물으셨습니다. "너희의 믿음이 어디 있느냐?"(누가복음 8:25)

걱정이 삶에 밀려오기 시작할 때, 믿음이 닻이 되게 하십시오. 스스로에게 예수님의 사랑과 능력을 상기시켜 주십시오. 로이드 존 오길비 목사님의 말도 기억하십시오. "때로 주님은 우리와 함께 폭풍을 견디며 이겨 내시고, 어떤 때는 우리 주변의 동요하는 바다를 진정시키십니다. 무엇보다도 그분은 우리 내면, 가장 깊은 내면의 영혼 속 폭풍을 잔잔하게 하십니다."

주님, 제 깊은 곳의 폭풍을 고요하게 하소서.

항상 기뻐하라. 쉬지 말고 기도하라. 범사에 감사하라. 이것
이 그리스도 예수 안에서 너희를 향하신 하나님의 뜻이니
라. (데살로니가전서 5:16-18)

발명가 윌리엄 페인터가 말했습니다. "'고맙습니다' 하고 말하는 것은
좋은 예절 이상입니다. 그것은 좋은 영성입니다." 데살로니가전·후서
를 쓴 사도 바울의 말과 완전히 일치합니다.

사도 바울은 걱정하는 대신 항상 기뻐하고, 쉬지 말고 기도하며, 범사
에 감사하기를 권합니다. 어떤 상황에서도 말이죠. 정말 지키기 어려
운 명령처럼 들리지만, 하나님이 이것을 원하고 의도하신 것이라면
당신이 해낼 수 있도록 그분이 힘과 능력을 주실 것입니다. 모든 시간
을 기뻐하고 기도하고 하나님께 감사하며 보낸다면, 걱정할 틈이 없
을 것입니다.

주님 안에서 끊임없는 기쁨을 추구하도록 도와주십시오. 걱정이 마음속에 기
어 들어오자마자 주님 손에 내맡긴 채 계속 기도하도록 도와주십시오. 무슨
일이 벌어지든지, 언제나 주님께 감사드립니다!

믿음의 발판 되찾기

> 여호와여, 나의 발이 미끄러진다고 말할 때에 주의 인자하심이 나를 붙드셨사오며 내 속에 근심이 많을 때에 주의 위안이 내 영혼을 즐겁게 하시나이다. (시편 94:18-19)

근심 속으로 미끄러지기 시작할 때, 믿음의 발이 통제력을 잃으려 할 때, 하나님께 모두 말씀드리십시오. 그분의 다정함과 긍휼히 여기심을 인정하면 몸을 다시 가누도록 '도우실' 것입니다. 그분의 말씀이 당신의 영혼을 안위하고 보호하십니다.

근심, 갈등, 위험이 언제 공격하든지 하나님은 바로 그곳, 그 상황에서 당신과 함께 계십니다. 하나님은 당신을 결코 떠나지 않겠다고 약속하셨습니다.

노만 빈센트 필은 기록했습니다. "하나님이 함께하시고, 그분은 당신을 결코 저버리지 않으신다. 그러니 당신이 그분을 의지한다는 것을 주기적으로 상기하라. 이렇게 말해 보라. '하나님께서 나를 도우시며 함께 계십니다.'" 하나님께서 바로 옆에 계신 것을 마음속에 그리며 이 말을 해보십시오. 믿음이 이길 것입니다.

주님이 필요할 때 저를 사랑하시고, 붙드시고, 도우시고, 안위하시며, 항상 그곳에 계셔 주셔서 감사드립니다.

하나님을 아는 것

하나님께서 바로 지금 하고 계신 일에 온전히 집중하여라. 내일 있을지 없을지도 모르는 일로 동요하지 마라. 어떠한 어려운 일이 닥쳐도 막상 그때가 되면 하나님께서 감당할 힘을 주실 것이다. (마태복음 6:34, 메시지)

사람의 상상력은, 현실이 될 수도 있고 안 될 수도 있는 수많은 시나리오를 생각나게 해서 길을 잃게 만들곤 합니다. 그러나 믿는 자가 집중해야 할 것은 내일과 내일의 불확실성이 아니라 하나님과 오늘, 이 순간 그분이 일하시는 것이어야 한다고 예수님은 말씀하십니다. 언제 무슨 일이 발생하든지 하나님께서 우리를 도우신다는 것을 기억하십시오.

그런데 어떻게 그 경지에 도달할 수 있을까요? 하나님께 가까이 가십시오. 그분에 관해 배울 수 있는 모든 것을 해보십시오. 그분을 알아가십시오. 내일에 대한 근심은 달아날 것입니다.

네덜란드의 성녀라 불리는 작가 코리 텐 붐은 이렇게 말합니다. "불확실한 미래를 확실한 하나님께 맡기기를 두려워하지 마십시오." 오늘과 내일을 사는 여성들을 위한 지혜로운 말입니다.

주님과 주님이 지금 하고 계신 일들에 집중할 수 있도록 도와주십시오. 저의 불확실한 미래를, 제가 알고 사랑하는 하나님께 의탁합니다.

주는 나의 은신처요 방패시라. 내가 주의 말씀을 바라나이다. … 주의 법을 사랑하는 자에게는 큰 평안이 있으니 그들에게 장애물이 없으리이다. (시편 119:114, 165)

길을 잃어 혼란스럽고 염려가 될 때, 어디로 갈지 누구를 향해야 할지 모를 때, 하나님께 가서 그분의 말씀을 펴십시오. 몹시도 찾던 은신처, 필요로 하던 안전, 목마름을 채울 소망, 갈구하던 나침반을 발견할 것입니다.

당신은 어디에 있든지 하나님께 달려갈 수 있습니다. 호흡만큼이나 가까이 계시기 때문입니다. 그분의 임재와 능력 안에서 보호받을 것입니다. 그분의 지혜와 평안을 얻기까지, 무엇을 말하고 무슨 일을 해야 할지를 알기까지, 그곳에서 기다리십시오. 하나님께서 마음에 말씀하실 것입니다. 그분의 가르침을 따라 다음 걸음을 내딛을 때 결코 넘어지지 않도록 하실 것입니다.

저의 변함없는 은신처, 방패 그리고 소망이 되어 주셔서 감사합니다. 오직 주님의 말씀 안에서 지혜와 평안을 발견합니다.

그들이 서로 말하되 "길에서 우리에게 말씀하시고 우리에게 성경을 풀어 주실 때에 우리 속에서 마음이 뜨겁지 아니하더냐" 하고. (누가복음 24:32)

예수님이 돌아가신 후, 혼란과 슬픔에 찬 제자 둘이 엠마오로 가면서 그간 일어난 일들을 이야기했습니다. 걸어가는 동안 예수님이 같이 계셨는데, 그들은 예수님을 알아보지 못했습니다. 제자들의 이야기를 들으신 예수님은 "모든 성경에 쓴 바 자기에 관한 것을 자세히 설명하셨습니다"(누가복음 24:27, ESV). 후에 그들과 함께 떡을 떼시니 "그들의 눈이 밝아졌습니다"(누가복음 24:31, ESV). 예수님이 떠나신 뒤에야 제자들은 왜 마음이 뜨거웠는지 깨달았습니다.

슬픔에 찼던 제자들처럼, 혼란스럽고 혼자인 것 같고 벌어진 일과 일어날 일들로 염려스러울 때가 있습니다. 그러나 힘을 내십시오. 예수님이 오셔서 설명해 주시기 때문입니다. 소망이 되시는 주님은 여전히 당신과 함께 걷고 이야기 나누십니다.

예수님, 때때로 고독합니다. 저와 동행하시는 예수님의 임재를 알아채도록 도와주소서. 말씀을 구하는 제 눈과 마음을 열어 주소서.

하나님의 팔

여호와여, 우리에게 은혜를 베푸소서. 우리가 주를 앙망하오니 주는 아침마다 우리의 팔이 되시며 환난 때에 우리의 구원이 되소서. (이사야 33:2)

전도자이자 작가인 E. M. 바운즈는 이렇게 썼습니다. "아침에 당신 생각과 노력의 첫째가 하나님이 아니라면, 나머지 시간 동안 그분은 마지막 자리에 계실 것입니다." 다윗 왕은 하나님의 인도하심을 이른 아침(새벽)에 구했습니다(시편 143:8). 예수님조차 해가 뜨기 한참 전, 홀로 한적한 곳으로 가서 하나님께 기도하셨습니다(마가복음 1:35).

하루를 기도로 시작하며 내가 아닌 하나님을 주된 안내자로 모시고 그분께 초점을 맞출 때, 올바른 과정에 있게 됨이 분명합니다. 문을 나서기 전에 하나님의 힘과 보호하심, 구원의 능력으로 무장될 것입니다. 마음, 정신, 영혼 안에 깃든 그분의 음성이 다른 모든 소리를 뒤로하고 올라와서 우리 걸음을 올바른 길에 머물게 하고, 근심이나 산만하게 하는 모든 것들을 흩트릴 것입니다(이사야 33:3).

주님, 매일 아침 저의 힘이 되어 온종일 저를 지켜 주소서.

걱정을 뛰어넘는 지혜

 친구여, 내 말을 잘 듣고 내 목소리에 귀를 기울여라. 내 메시지를 항상 잘 보이는 곳에 두고 거기에 집중하여라! 힘써 외워라! 이 말을 깨닫는 사람은 참으로 제대로 살고 몸과 영혼이 건강해질 것이다. (잠언 4:20-22, 메시지)

다윗은 안달하며 걱정하는 것이 악과 해로 이어진다고 썼습니다(시편 37:8, 현대인의성경). 다윗의 아들 솔로몬은 하나님의 지혜가 우리를 멋진 삶으로 이끈다고 이야기합니다. 그러니 최고의 삶을 누리고 싶다면 하나님의 지혜를 파고드십시오. 지혜는 성경 전체에서 볼 수 있고 특히 잠언에서 찾을 수 있습니다.

솔로몬은 잠언에서 일상의 문제를 어떻게 다루어야 할지 통찰력을 제공합니다. 어떻게 일하고, 행동하고, 말하고, 생각하고, 화를 누그러뜨려야 하는지와 같은 지혜를 많이 알려 줍니다.

잠언 4장 20-22절에서 솔로몬은 몇몇 구절은 외워서 익히라고 강력히 제안합니다. 먼저, 잠언을 날마다 읽는 것으로 시작할 수 있습니다. 상황을 인도하고 평강을 주는, 마음에 다가오는 구절을 만나면 그 말씀을 암송하십시오. 이로써 하나님의 지혜가 염려를 대신할 것입니다.

주님, 좋은 삶을 살고 싶습니다. 내게 있는 염려들을 말씀으로 대체할 수 있도록 도우소서!

평안을 너희에게 끼치노니 곧 나의 평안을 너희에게 주노라.
내가 너희에게 주는 것은 세상이 주는 것과 같지 아니하니라.
너희는 마음에 근심하지도 말고 두려워하지도 말라.

(요한복음 14:27)

여호와 내 구원의 하나님이여, 내가 주야로 주 앞에서 부르 짖었사오니 나의 기도가 주 앞에 이르게 하시며 나의 부르 짖음에 주의 귀를 기울여 주소서. (시편 88:1-2)

신시아 루이스는 말했습니다. "당신의 하루가 기도로 둘러싸인다면, 그날이 흐트러질 가능성은 적습니다." 한 걸음 더 들어가, 당신의 하루가 기도로 둘러싸인다면, '당신이' 흐트러질 가능성은 적습니다!

아침에 양치를 하고 저녁에 또 합니다. 아이 때 이렇게 하도록 배웠고 지금은 생각 없이 자동으로 합니다. 매우 좋은 습관입니다. 양치는 충치를 막을 수 있게 도우니까요.

양치하는 것처럼 아침에 기도하고 저녁에 또 기도하는 습관을 들여 보면 어떨까요? 매일 이렇게 하다 보면, 이 또한 자동으로 몸에 밸 것입니다. 기도는 근심을 피하게 돕고 낮에는 집중된 마음을, 밤에는 쉼이 있는 마음을 주는 좋은 습관이 됩니다.

주님, 밤낮으로 기도함으로써 주님의 임재로 들어가게 하소서.

여호와께서 사무엘에게 이르시되 "그의 용모와 키를 보지 말라. 내가 이미 그를 버렸노라. 내가 보는 것은 사람과 같지 아니하니 사람은 외모를 보거니와 나 여호와는 중심을 보느니라" 하시더라. (사무엘상 16:7)

누구나 사랑받고 싶어 합니다. 이것은 자연스러운 일입니다. 하지만 누군가가 당신에 대해, 당신의 아이디어, 견해, 제안들에 대해 '알고 있다'고 지레짐작해 그를 기쁘게 하려고 걱정하며 행동할 때부터 문제가 생깁니다. 물론 당신의 표현, 음성, 몸짓, 태도, 품행은 그들에게 당신을 어떻게 생각하고 느낄지 단서를 제공하기도 합니다. 하지만 오직 하나님만이 진실로 사람의 마음을 보시고 그들이 실제로 무엇을 생각하고 있는지 아십니다(열왕기상 8:39; 요한복음 2:24-25; 마태복음 9:4).

다른 사람들의 견해나 생각 때문에 당신이 근심하거나, 그것들로 인해 하나님의 부르심에 방해가 되는 것을 하나님은 원치 않으십니다. 당신이 해야 할 일은 오직 하나님을 기쁘시게 하는 것입니다(데살로니가전서 2:4). 다른 것들은 그분이 알아서 하실 것입니다.

다른 사람들이 저에 대해 어떻게 생각할지 염려하지 않고 주님만을 섬기며 살도록 도와주소서.

평강의 주께서 친히 때마다 일마다 너희에게 평강을 주시고 주께서 너희 모든 사람과 함께하시기를 원하노라. (데살로니가후서 3:16)

16세기 철학자 미셸 몽테뉴는 말했습니다. "제 삶은 끔찍한 불운으로 가득했습니다. 하지만 그것들 중 대부분은 사실 한 번도 일어난 적이 없습니다." 삶을 자세히 들여다보면 당신도 이 말에 동의할 것입니다. 몽테뉴의 말을 뒷받침하는 통계가 있습니다. 최근 한 연구 결과에 따르면, 사람들이 걱정하는 것의 40퍼센트가 결코 일어나지 않는다고 합니다. 30퍼센트는 바꿀 수 없는 과거에 대한 것이고, 12퍼센트는 건강에 대한 불필요한 걱정이며, 10퍼센트는 기타 범주에 속하는 사소한 것들입니다. 그러면 삶에서 실체가 있는 걱정은 8퍼센트뿐입니다.

그러니 염려에게는 여행이나 떠나라고 말하고, 하나님과 함께 평강의 길을 걸으십시오.

평강의 주님, 주님의 임재와 주님 나라의 평강으로 저를 채우소서. 모든 때에, 모든 길에서, 어떠한 일이 다가오더라도.

내 부모는 나를 버렸으나 여호와는 나를 영접하시리이다.
(시편 27:10)

타인과의 관계는 때때로 힘들 수 있습니다. 오해나 고의적인 모욕 때문에 가족 간에도 멀어질 수 있습니다. 이혼을 '당했다'고 생각하는 사람도 있습니다. 친구들마저 떠날 수 있고, 죽음이 엄습해 사랑하는 사람과 갈라놓을 수도 있습니다.

하지만 홀로 되었다고 걱정할 필요 없습니다. 어머니나 아버지마저 당신을 버릴지라도, 하나님은 항상 당신 손을 잡고 계십니다. 영원히 사랑하시는 아버지께서 당신을 받아들이고 돌보신다고 약속하십니다. 하나님의 아들, 당신의 친구 예수님은 형제들보다 더 가까이 붙어 계실 것입니다(잠언 18:24).

북적대는 공간에 있으면서도 세상 혼자인 것 같나요? 걱정하지 마십시오. 하나님께 나아가 그분의 임재 가운데 한껏 즐기고 만족하십시오. 그분의 빛과 사랑을 느껴 보세요. 절대 혼자 있도록 내버려 두지 않으실 것입니다.

주님, 처음부터 끝까지, 저와 영원히 함께하시는 빛과 사랑이 되어 주셔서 감사합니다. 주님 팔에 누울 때 꼭 안아 주세요.

여러분이 맡은 일은 무엇이든, 그저 사람들을 위해서가 아니라 주를 위해 일하듯이 온 마음과 영혼을 쏟으십시오. 진정한 상은 그분이 주신다는 것을 알아야 합니다. 실상 여러분은 주 그리스도 예수를 섬기는 종들입니다. (골로새서 3:23-24, 필립스)

당신은 미래를 살고 있나요, 현재의 순간을 살고 있나요?

C. S. 루이스는 《영광의 무게》에서 이렇게 썼습니다. "장기 계획에 너무 얽매이지 말고 매 순간 '주께 하듯' 일하는 사람이 무슨 일이건 기분 좋게 가장 잘해 냅니다. 주님은 우리에게 일용할 양식만 구하라고 하셨습니다. 현재만이 온갖 의무를 행하고 은혜를 받을 수 있는 시간입니다."*

걱정이 하루 삶에 영향을 미치기 시작할 때, 당신이 어디에 살고 있는지 점검해 보세요. 미래를 살고 있다면, 한 발 물러서십시오. 그러고는 현재로 이끌어 달라고 하나님께 요청하십시오. 하나님이 예정하신 방향으로 다시 돌려놓으실 것입니다.

* C. S. 루이스, 《영광의 무게》(홍성사, 2008), 51쪽.

주님이 머무시는 현재의 순간에 거하며 살도록 도와주십시오.

주는 선하사 사죄하기를 즐거워하시며 주께 부르짖는 자에게 인자함이 후하심이니이다. 여호와여, 나의 기도에 귀를 기울이시고 내가 간구하는 소리를 들으소서. 나의 환난 날에 내가 주께 부르짖으리니 주께서 내게 응답하시리이다. (시편 86:5-7)

완벽한 이는 아무도 없습니다. 물론 하나님은 제외하고요. 당신은 인간일 뿐입니다. 그러니 몇 가지 실수를 하기 마련입니다. 자신에게, 하나님에게, 사람들에게 잘못할 때가 있을 것입니다. 그 순간, 실수로 뭔가 잘못될까 봐 걱정의 소용돌이에 갇힙니다. 하나님과 사람들이 나를 어떻게 생각하고, 내 말과 행동을 어떻게 생각할지, 용서를 구하려면 무슨 말을 해야 할지 등을 걱정합니다.

이 걱정의 소용돌이에서 나오려면 하나님을 부르십시오. 그분의 풍성하신 용서와 사랑을 기억하십시오. 기도를 들으시고 용서해 주시기를 간구하십시오. 그런 다음 그분의 대답을 기다리십시오.

주님의 사랑과 용서에 기대어 주께 부르짖습니다. 제 기도를 들으소서. 이 상황을 어떻게 다루어야 할지 말씀해 주십시오.

이 율법책을 네 입에서 떠나지 말게 하며 주야로 그것을 묵상하여 그 안에 기록된 대로 다 지켜 행하라. 그리하면 네 길이 평탄하게 될 것이며 네가 형통하리라. (여호수아 1:8)

'걱정'과는 달리 '묵상'은 평탄하고 형통하도록 인도합니다. 하지만 세상에서 떨어져 하나님께 가는 길은 어렵게 느껴집니다. 다행히 앞서 그 길을 간 이들이 당신을 도울 것입니다. 성 프란치스코는 묵상과 관련해 이렇게 권면했습니다.

"마음이 이리저리 나뉘거나 산만해진다면, 부드럽게 주님의 임재로 데려와서 교체하십시오. 마음을 데려와 우리 주님의 임재 가운데 다시 둔 것 외에는 그 시간 동안 아무것도 한 것이 없다 할지라도, 마음을 되돌려 놓을 때마다 다시 돌아가 버릴지라도, 당신은 시간을 매우 잘 사용한 것입니다."

묵상이 처음이라면, 하루 5분으로 시작해 점차 10분으로 늘려가십시오. 그토록 원하던 평안을 찾을 것입니다.

"내 입의 말과 마음의 묵상이 주님 앞에 열납되기를 원하나이다"(시편 19:14).

눈먼 나의 백성을 내가 인도할 것인데, 그들이 한 번도 다니지 못한 길로 인도하겠다. 내가 그들 앞에 서서, 암흑을 광명으로 바꾸고, 거친 곳을 평탄하게 만들겠다. 이것은 내가 하는 약속이다. 반드시 지키겠다. (이사야 42:16, 새번역)

미래에 어떤 일이 벌어질지, 현재에 무엇을 할지, 과거를 어떻게 극복할지에 대한 걱정은 눈앞을 캄캄하게 합니다. 어둠 속을 거닐다 길을 잃고 혼란스러운 기분이 들 때처럼 말입니다.

하지만 앞에 놓인 길을 볼 수 없어 어둠 속에서 넘어질까 봐 걱정하지 않아도 됩니다. 하나님은 우리가 한 번도 다녀보지 못한 길로 우리를 인도하겠다고 약속하시기 때문입니다. 그분은 암흑을 광명으로 바꾸실 것입니다. 거친 곳을 평탄하게 만드실 것입니다. 당신을 절대 그냥 내버려 두지 않으실 것입니다.

하나님께서 항상 함께하겠다고 약속하시니 걱정을 멈추십시오. 그리고 작가 매리 가디너 브레이너드처럼 말해 보십시오. "저는 빛 가운데 홀로 걷기보다는 차라리 어둠 가운데 하나님과 동행하겠습니다."

저는 주님과 내내 함께하기 원합니다. 주님의 길, 빛으로 인도하소서.

앞서 계신 하나님

그들이 부르기 전에 내가 응답하겠고 그들이 말을 마치기 전에 내가 들을 것이며. (이사야 65:24)

간절히 부르짖기도 전에 응답하시는 하나님을 모신다는 것은 얼마나 멋진 일입니까! 걱정을 쏟아 내느라, 가상의 시나리오를 보여 드리느라, 당신이 느끼고 염려하는 것들을 말로 만들어 내느라 바쁜 중에, 하나님은 이미 응답하고 계십니다.

하나님은 그런 분이십니다. 당신에게 얼마나 마음을 쓰고 계시는지요! 오늘의 말씀을 암송하고 진실로 믿는다면, 어떤 걱정이 찾아오든 끊어낼 수 있습니다. 말하기 전에 응답하시는 분, 모든 염려·문제·심적 고통을 보시고 위로하며 해결하고 치유하실 준비가 되신 그분을 신뢰하게 될 것입니다.

주님 안에 있는 믿음의 방패를 집어 듭니다. 주님이 앞서 걸으며 제 기도에 응답하시고 문제를 해결하시며 마음을 치유하실 것을 압니다. 주님의 이름을 찬양합니다.

근심 없이 살기

그러므로 여러분은 자신의 모습에 만족하고, 거들먹거리지 마십시오. 하나님의 강한 손이 여러분 위에 있으니, 때가 되면 그분께서 여러분을 높이실 것입니다. 하나님께서 여러분을 세심하게 돌보고 계시니, 아무것도 근심하지 말고 하나님 앞에서 사십시오. (베드로전서 5:6-7, 메시지)

하나님은 당신이 인생에서 누구, 무엇, 언제, 어디, 어떻게, 왜에 대해 근심하기를 원치 않으십니다. 또한 지금 있는 그곳에서 불행하기를 원치 않으십니다. 하나님을 온전히 신뢰하며 하나님께서 당신의 인생에 계획을 갖고 계심을 알고 믿기를 바라십니다. 하나님의 계획은 당신이 꿈꾸고 상상해 본 것보다 훨씬 멋진 것입니다.

홍해를 가르고 이스라엘 백성을 애굽에서 건져 약속의 땅으로 인도하신 강한 손이 지금 당신 위에 있는 손과 동일합니다.

하나님의 타이밍을 신뢰하십시오. 그분 앞에서 근심 없이 사십시오. 당신의 모든 염려를 그분께 넘기십시오. 당신은 그분의 소중한 소유물입니다. 당신을 부드럽게 안고, 사랑하며, 보호하십니다. 그분 안에서 쉬면서 긴장을 푸십시오.

주여, 저의 근심들을 가져가소서. 평강, 사랑, 그리고 제 위의 강한 손을 느끼기까지 저를 붙들어 주소서.

그리스도를 위해서라면 심지어 연약함, 모욕, 궁핍, 박해, 고난도 즐거이 감당할 수 있습니다. 내가 약하면 그분 안에서 아주 강해지기 때문입니다. (고린도후서 12:10, 필립스)

하나님은 충성스럽게 따르는 자들에게 많은 선물을 주십니다. 하나님이 주시는 선물 중 하나는, 아무리 약하고 많은 고난을 겪고 자주 불안할지라도 바로 그 연약함이 그리스도께서 당신을 통해 빛날 기회가 된다는 것입니다. 그런데 이 공식이 작동하려면 믿음으로 살아내고자 결심해야 합니다.

정말로 어찌할 바를 모를 때 하나님께서 움직이십니다. 아무런 자원도 남지 않았을 때 그분이 공급하십니다. 걱정은 물론이고 모든 것을 극복할 능력을 주십니다. 그러니 무엇이 다가오더라도 하나님께 감사하며 그분 안에서 즐거워하십시오. 하나님은 당신이 승리하고 그분의 영광에 이르는 데 필요한 모든 힘을 가지고 계십니다!

결심했습니다. 주님! 저는 어떠한 상황에서도 자족할 것입니다. 주님 안에 모든 것을 견딜 힘이 있습니다.

필요를 채우시는 하나님

여호와는 나의 목자시니 내게 부족함이 없으리로다. 그가 나를 푸른 풀밭에 누이시며 쉴 만한 물가로 인도하시는도 다. (시편 23:1-2)

1943년 에이브러햄 매슬로는 '매슬로의 욕구 단계'라 불리는 심리학 이론을 제안했습니다. 그는 인간의 욕구에는 다섯 단계가 있다고 설명합니다. 첫 단계는 생리적인 것으로(음식, 물, 따뜻함, 쉼 등) 개인이 더 고차원적인 욕구를 돌보기 위해서는 이것들이 먼저 충족되어야 합니다.

놀랍게도 이와 동일한 필요를 다윗이 시편 23편의 첫 두 구절에서 다루고 있습니다. 다윗은 아무것도 부족하지 않다고 말합니다. 왜냐하면 하나님께서 먹이시고 인도하시고 보호하시는 그의 목자이시기 때문입니다. 하나님은 다윗을 누이시고 쉬게 하시고 물가로 인도하십니다.

그러니 어떻게 욕구가 채워질지 걱정할 필요가 없습니다. 하나님께서 모든 것을 돌보실 것입니다. 왜일까요? 그분은 그저 그런 목자가 아니라, 가장 좋은 목자이시기 때문입니다.

주님께서 모든 필요를 채우실 것을 알기에 마음이 홀가분합니다. 가장 좋은 목자가 되어 주셔서 감사합니다!

동행하시는 하나님

내가 사망의 음침한 골짜기로 다닐지라도 해를 두려워하지 않을 것은 주께서 나와 함께하심이라. 주의 지팡이와 막대기가 나를 안위하시나이다. (시편 23:4)

하나님은 음식, 물, 따뜻함, 쉼 같은 기본적인 욕구를 만족시켜 주실 뿐 아니라, 당신과 함께 걸으며 안전하고 올바른 길로 나아가게 할 두 가지 도구를 갖고 계십니다. 첫 번째 도구인 목자의 막대기는 삶을 위협하는 어떤 힘, 위력 또는 악을 피하게 하기 위해 사용하십니다. 두 번째 도구인 지팡이는 음지를 지나 바른길로 인도하기 위해 사용하십니다.

그러니 안전 때문에 두렵거나 다음 걸음을 어디로 향해야 할지 염려가 되거든 기도하십시오. 전능하신 아버지요, 당신을 사랑하고 흠모하는 목자이신 하나님께 말입니다. 그분이 당신을 인도하려고 준비하시고 보호하기 위해 잘 채비하고 계시다는 것을 기억하십시오.

제 곁에 계신 주님의 임재를 느낍니다. 주님이 동행하시기 때문에 제가 안전하고 옳은 길로 향하고 있음을 압니다.

그것이 네가 다닐 때에 너를 인도하며 네가 잘 때에 너를 보호하며 네가 깰 때에 너와 더불어 말하리니. (잠언 6:22)

어떤 부모는 하나님의 능력의 말씀을 자녀들이 반드시 숙지하게끔 합니다. 그렇게 하지 못하는 부모라 할지라도, 자녀가 결국엔 '영적' 부모를 통해 하나님의 지혜를 배우게 되기를 소망할 것입니다. 어느 쪽이든, 하나님의 말씀을 알고 따르면 아버지 하나님의 자녀인 당신을 지켜 줍니다. 걱정이 통제불능 상태로 위태롭게 내달리지 않도록 말입니다.

어디를 가든지, 하나님의 말씀이 길을 인도하도록 맡기십시오. 자는 동안에 말씀이 당신을 안위하고 보호하게 해달라고 기도하십시오. 깨어 있을 때는 성경을 읽음으로써 말씀을 찾고, 기도함으로써 하나님의 음성을 구하십시오. 말씀과 음성, 이 둘 다가 당신에게 말을 걸도록 하십시오. 그것이 당신을 넘어지지 않게 하고, 하나님께서 원하시는 선택을 할 수 있게 지혜를 줄 것입니다.

하늘에 계신 아버지. 주님 말씀에 힘껏 기대도록 도와주십시오. 말씀하시고, 인도하시고, 안위하시며, 지켜 주소서.

모세가 하나님께 아뢰되 "내가 누구이기에 바로에게 가며 이스라엘 자손을 애굽에서 인도하여 내리이까." 하나님이 이르시되 "내가 반드시 너와 함께 있으리라. 네가 그 백성을 애굽에서 인도하여 낸 후에 너희가 이 산에서 하나님을 섬기리니 이것이 내가 너를 보낸 증거니라." (출애굽기 3:11-12)

타오르는 떨기나무 가운데서 하나님은 모세에게 나타나셔서 그분의 백성을 자유롭게 하라고 말씀하셨습니다. 그러나 모세는 자신에 대한 의심과 걱정으로 가득 차 "제가 누구이기에 그런 일을 하겠습니까?"라고 물었습니다. 그러고는 자신이 왜 그 일에 적임자가 아닌지 변명을 잔뜩 늘어놓았습니다.

모세는 하나님께서 누구를 부르시든, 그를 이미 예비해 오셨다는 것을 몰랐던 것 같습니다. 모세는 파라오(바로) 앞에 나아갈 수 있는 유일한 히브리인이었습니다. 40년간 이집트(애굽) 왕자로 살았기 때문입니다. 이후 40년은 광야에서 목자 생활을 한 터라 주변 지형에 익숙하기도 했습니다. 무엇보다도 하나님께서 그와 함께하리라 말씀하셨습니다. 할 수 있을지 확신이 서지 않는 그 무엇을 하라고 하나님께서 부르고 계신가요? 그것을 잘 해낼 수 없을까 봐 걱정이 되나요? 걱정 마십시오. 하나님은 그분이 부르시는 자들을 준비시켜 오셨습니다. 그리고 모세와 함께하셨던 것과 똑같이 당신과 함께하십니다.

주님께서 저를 부르신 그곳을 예비해 오셨음을 압니다. 주님을 신뢰하도록 도우소서.

모세가 대답하여 이르되 "그러나 그들이 나를 믿지 아니하며 내 말을 듣지 아니하고 이르기를 '여호와께서 네게 나타나지 아니하셨다' 하리이다." 여호와께서 그에게 이르시되 "네 손에 있는 것이 무엇이냐?" 그가 이르되 "지팡이니이다." (출애굽기 4:1-2)

하나님이 모세를 부르신 것처럼 당신을 부르셨는데, 당신은 여전히 근심과 회의 가운데 있습니다. 이때 하나님은 당신이 이미 가지고 있는 도구들, 매우 익숙한 것들, 당신 손과 회사에 있는 것들로 주의를 환기시키십니다.

모세에게는 목자의 지팡이가 그 도구였습니다. 후일 이것으로 물을 가르고, 사람들을 이끌고, 바위를 치며, 강을 피로 변하게 했습니다. 당신의 도구는 펜, 목소리, 재능, 차, 뜨개질일 수도 있습니다. 모세의 또 다른 도구는 그의 형, 말 잘하는 아론이었습니다.

무엇인가를 놓고 어떻게 할지 걱정하는 대신, 당신 손에 있는 것이 무엇인지, 곁에 누가 있는지 보십시오. 당신에게 있는 도구들을 보여 달라고 기도하고 사용하십시오.

주님을 섬기기 위해 제가 무엇을 사용하게 하시렵니까? 제가 가지고 있는, 주님의 영광을 위해 필요한 도구들을 보여 주십시오!

충족된 바람들

무엇이든지 구하는 바를 그에게서 받나니 이는 우리가 그의 계명을 지키고 그 앞에서 기뻐하시는 것을 행함이라. 그의 계명은 이것이니 곧 그 아들 예수 그리스도의 이름을 믿고 그가 우리에게 주신 계명대로 서로 사랑할 것이니라. (요한일서 3:22-23)

기도해 온 것을 얻지 못할까 봐 걱정되나요? 그럴 필요 없습니다. 하나님의 계명을 지키고 그분이 기뻐하시는 일을 하면, 바라는 것들을 '얻을 것'입니다.

하나님의 계명을 지킨다는 것은 예수님을 믿어야 한다는 의미입니다. 예수님이 이 땅 위를 걸으셨고, 하나님의 아들이시고, 기적을 행하셨고, 지혜가 충만하고, 당신이 따라야 할 본보기이심을 믿는 것입니다. 둘째 계명은 하나님과 당신 자신을 포함하여 다른 이들을 사랑하는 것입니다.

그러한 조건을 충족할 때, 하나님의 계명에 대한 믿음이 있을 때, 하나님의 뜻대로 사는 것입니다. 그러면 하나님께서 바라시는 것들을 당신이 간구할 것이고, 하나님은 준비하시고 당신을 기다리실 것입니다! 삶을 점검해 보십시오. 하나님께 이야기하십시오. 그분의 방식으로 사십시오. 그러면 당신의 바람은 채워지고 남을 것입니다.

제 삶을 돌아보도록 도와주십시오. 주님의 방식으로 살고 기도하길 원합니다.

"괜찮습니다만 갔다 와야겠습니다."

(열왕기하 4:23, ESV)

아이가 없던 한 여인은 하나님의 사람 엘리사가 마을에 올 때 묵을 방을 마련하려고 비상한 노력을 했습니다. 이에 보답하기 위해 엘리사는 그녀가 아들을 임신하게 될 것이라고 했고, 그대로 이루어졌습니다. 하지만 여인의 아들은 죽고 말았습니다.

그녀는 아들을 엘리사의 침상에 눕히고 엘리사를 찾으러 갔습니다. 남편이 왜 가느냐고 묻자, 여인은 간단하게 대답했습니다. "괜찮습니다만…" 엘리사의 사환이 그녀가 오는 것을 보고 무슨 일이 잘못되었나 묻자 그녀는 같은 말을 되풀이했습니다(열왕기하 4:26). 결국엔 엘리사가 아이의 생명을 되살림으로써 모든 것이 '괜찮아졌습니다.'

그녀가 근심으로 마비되었더라면 어떤 일이 벌어졌을까요? "다 글렀어요"라고 말했다면요? 요점은, 이 여인의 길을 따르라는 것입니다. 어떤 일이 벌어지더라도 하나님께 계획이 있다는 것을 아십시오. 어떻게든, 그분이 모든 것이 괜찮도록 만들 것입니다.

주님, 모든 것이 합력하여 선을 이루게 하심을 압니다. 제가 처한 상황이 어떻게 보이든지 상관없이, 하나님 안에서 모든 것이 잘될 것이라는 기도를 드리게 도와주십시오.

기도하는 손

여호와여, 주는 나의 방패시요 나의 영광이시요 나의 머리를 드시는 자이시니이다. … 내가 누워 자고 깨었으니 여호와께서 나를 붙드심이로다. 천만인이 나를 에워싸 진 친다 하여도 나는 두려워하지 아니하리이다. (시편 3:3, 5-6)

세상은 매우 무서운 곳이 될 수 있습니다. 다음 골목에서 무슨 일이 벌어질지 걱정스럽고 초조해 손을 비벼 대기에 충분한 상황입니다. 그러나 다행스럽게도 하나님이 당신 곁에 계십니다.

하나님께서 당신을 완전히 둘러싼 방패가 되심을 상상해 보십시오. 그분이 동행하심으로 당신을 영화롭게 합니다. 최악의 때에도 구원하시고 기쁨을 주실 것입니다. 당신이 물 위로 머리를 치켜들 수 있도록 하실 것입니다.

두 손을 비비는 대신, 손을 포개어 기도하십시오. 편히 쉬고 주무십시오. 하나님께서 당신을 지탱해 주십니다. 골목골목 걸을 때마다 그분이 함께하시니 두려워할 필요가 없습니다. 하나님의 복과 사랑이 당신에게 있습니다!

주님은 저의 방패이십니다. 저를 기쁨으로 채우시고 제 머리를 올바르게 잡아 주십니다. 주님이 저를 지탱해 주시는 것을 알기에 편히 쉬고 평안히 잡니다. 기도를 하니 두려움이 사라집니다.

기다리라

주님, 새벽에 드리는 나의 기도를 들어 주십시오. 새벽에 내가 주님께 나의 사정을 아뢰고 주님의 뜻을 기다리겠습니다. (시편 5:3, 새번역)

성경을 두기에 가장 좋은 장소 중 하나는 침대 바로 옆입니다. 발이 바닥에 닿기 전에 하나님과 연결될 수 있기 때문입니다. 말씀 읽기를 아침 습관으로 만드는 이 아이디어를 실현하기 위해 시편, 특히 5편 3절을 읽는 것으로 시작해 보십시오.

시편 5편 3절은 아침(새벽)에 하나님을 향한 기도를 준비할 때 하나님께서 당신의 목소리를 들으신다고 시인합니다. 이는 말씀을 읽기만 하고 침대에서 나올 것이 아니라, 하나님께서 마음에 말씀하시기를 기도하며 '기다리라'고 깨우쳐 줍니다. 마음을 걱정으로부터 자유롭게 할 정확한 말씀을 주시도록, 혼에 평안을 주시고 영을 고요케 하시도록 기도하며 기다리십시오.

아침에 제 목소리를 들으시는 주님. 이 순간 주님을 향한 기도를 준비합니다. 지금 제 마음에 말씀하시기를 기도하며 기다립니다.

걱정 주름

그러나 주께 피하는 모든 사람은 다 기뻐하며 주의 보호로 말미암아 영원히 기뻐 외치고 주의 이름을 사랑하는 자들은 주를 즐거워하리이다. (시편 5:11)

근심이 당신의 하루뿐만 아니라 판단력까지 흐리게 할 때는, 의기양양하거나 하나님 안에서 기뻐하기가 어렵습니다. 문제의 진실은, 걱정이 안과 밖 모두를 망친다는 것입니다. 걱정 주름에 대해 들어보셨을 것입니다. 그렇습니다. 누가 걱정 주름이 필요하겠습니까? 걱정 주름을 웃음 주름으로 바꾸면 어떨까요?

오늘 하나님께 달려가 걱정 주름을 웃음 주름으로 바꾸십시오. 신뢰를 오직 그분께 두십시오. 곧 노래가 터져 나오고 기뻐 외치게 될 것입니다. 하나님을 신뢰하여 그분의 손에 모든 걱정을 맡길 때, 하나님이 당신을 사랑과 보호하심으로 덮어 승리로 이끄십니다. 주 안에 살고 주와 함께 웃을 때, 걱정 주름이 곧 옅어질 것입니다.

하나님께 달려갑니다. 주님은 기쁨으로 가는 저의 길이십니다!

여호와여, 주는 의인에게 복을 주시고 방패로 함같이 은혜로 그를 호위하시리이다. (시편 5:12)

이른 아침에 하나님을 찾고, 하나님께서 마음에 말씀하시기를 기대하며 그분을 신뢰하고 피난처 삼을 때(시편 5:3, 11), 모든 염려는 하나님의 임재 안에서 뒷전으로 물러날 것입니다. 그뿐만 아니라 그분이 다른 많은 방법으로 당신에게 복 주실 것입니다. 당신이 걸어야 할 길과 이야기할 방법을 하나님이 보여 주실 것입니다. 앞길을 여시며, 당신이 있는 바로 그곳에서 함께하시고, 등 뒤에서 지켜 주실 것입니다. 사랑의 방패로 둘러싸시며 은혜로 복 주실 것입니다.

눈에서 비늘이 벗겨지듯 걱정들이 떨어져 나가면 당신 삶에서 하나님께서 행하시는 모든 것을 볼 수 있을 것입니다. 그분이 놓아두신 모든 복까지도. 하나님의 풍성하신 사랑의 방패 뒤에서 당신의 인생은 은혜로 가득할 것입니다.

주님, 사랑의 방패로 저를 둘러싸 주시고, 제 눈이 삶 속에 있는 하나님의 은혜를 보게 하소서.

지혜를 찾는 여인

나를 찾는 이를 만나 준다. … 내 말을 듣는 이, 아침마다 깨어나 나를 맞이하는 이, 하루 일과를 시작하는 내게 정신을 바짝 차리고 반응하는 이는 복이 있다. 나를 만나는 이는 참 생명을 얻고 하나님의 기뻐하심을 얻는다. (잠언 8:18, 34-35, 메시지)

지혜(Lady Wisdom)는 하나님께서 이 세상을 창조하시기 전에 하나님과 함께 있었습니다. 지혜는 바다와 산, 하늘이 있기 전에 있었고, 근심을 멀리 두는 데 필요한 모든 지식과 이해로 충만합니다.

그런데 문제는 지혜를 '찾아야' 한다는 것입니다. 그녀에게 귀를 기울이고, 매일 아침 그녀를 구해야 합니다. 그녀의 존재에 깨어 있어야하고 충고에 반응해야 합니다. 그렇게 할 때, 지혜는 물질적인 부유이상의 것으로 당신을 축복할 것입니다. 물질적인 것은 기껏해야 찰나일 뿐입니다. 지혜는 당신을 영적인 부유함으로 축복할 것입니다. 이로써 당신은 하나님의 은혜의 수혜자로서 가치 있는 삶, 진정한 삶을 살고 있을 것입니다.

염려를 하나님의 지혜와 맞바꾸고 진짜 인생을 사십시오.

진리를 저에게 보이소서. 저의 근심을 대체할 하나님의 지혜를 주소서.

엘리야가 여인에게 말했다. "아무것도 걱정하지 마시오. 어서 가서 방금 말한 대로 하시오. 그러나 먼저 나를 위해 작은 빵을 만들어 이리 가져다주시오. 그러고 나서 남은 것으로 그대와 아들을 위해 음식을 만드시오." (열왕기상 17:13, 메시지)

선지자 엘리야가 땔감을 줍고 있는 한 가난한 과부에게 다가갔습니다. 엘리야는 그녀에게 물과 먹을 것을 부탁했습니다. 그녀는 자신에게는 "통에 밀가루 한 움큼과 병에 기름이 조금 남아 있을 뿐"이라면서, 그것은 자기와 아들이 먹을 "마지막 식사"를 만들 만큼이라고 했습니다(열왕기상 17:12, 메시지).

그러나 엘리야는 두려워하지 말라고, 가뭄을 끝내는 비를 내리시기 전까지 그녀의 밀가루와 기름이 동나지 않을 것을 하나님께서 약속하셨다고 말합니다. 이 말을 들은 과부는 걱정을 뒤로한 채 부모로서의 본능도 마다하고 엘리야에게 순종했습니다. 다음 두 해 동안, 하나님은 약속하신 대로 공급하셨습니다.

믿음을 가지십시오. 하나님께서 약속하신 대로 공급하실 것입니다.

주님, 제 믿음이 절대 동나지 않기를 원합니다. 하나님의 약속을 믿습니다!

화살기도

왕이 내게 이르시되 "그러면 네가 무엇을 원하느냐?" 하시기로 내가 곧 하늘의 하나님께 묵도하고 왕에게 아뢰되 "왕이 만일 좋게 여기시고 종이 왕의 목전에서 은혜를 얻었사오면 나를 유다 땅 나의 조상들의 묘실이 있는 성읍에 보내어 그 성을 건축하게 하옵소서" 하였는데. (느헤미야 2:4-5)

페르시아 왕의 술 관원 느헤미야는 예루살렘성이 허물어지고 성문이 불탔다는 말을 듣고는 여러 날 동안 울면서 금식하며 하나님께 기도했습니다. 후에 왕에게 나아갔을 때 느헤미야는 여전히 슬펐습니다. 왕은 그의 술 따르는 관원의 얼굴을 보고 무슨 일이 있느냐고 물었고, 느헤미야는 겁을 먹었습니다. 시중드는 사람은 주군 앞에서 늘 밝아야 했기 때문입니다.

느헤미야는 하나님께서 자신을 인도하시고 필요한 용기를 주실 것을 알고, 화살기도(빠르고 간결한 기도)를 올려 보냈습니다.

도전장을 받자마자 하나님께로 가져가십시오. 걱정으로 변하기 전에 화살기도를 하십시오. 전능하신 아버지께서 당신을 기다리며 도울 준비를 하고 계심을 기억하십시오.

주님, 제가 하루의 기도로 끝내는 것이 아니라 주님이 필요한 순간마다 즉시 기도하도록 저를 이끌어 주소서. 저를 화살기도자로 만들어 주십시오.

내가 평안히 눕고 자기도 하리니 나를 안전히 살게 하시는 이는 오직 여호와이시니이다. (시편 4:8)

시편의 저자 다윗 왕에게는 도전과 시험이 정말 많았습니다. 목동 시절에는 아버지의 양 떼를 안전하게 지키기 위해 사자와 곰들과 싸워야 했습니다. 나중에는 거인 골리앗과 마주했고, 사울 왕에게 추격당했으며, 아들 압살롬의 배신을 겪었고, 수많은 전투를 치렀습니다.

당신에게도 많은 시험이 있습니다. 그러나 달려갈 수 있는 하나님-아버지-왕-목자가 계십니다. 구하시고, 격려하시고, 공급하시며, 매번 당신을 위해 싸우시는 지존자이십니다. 그분이 기도에 응답하시고, 누구보다 당신을 사랑하시며, 영원한 생명을 선물로 주셨습니다. 당신을 그분의 딸, 공주로 만드셨습니다. 그러니 하나님이 안전하게 보살피시는 것을 확신할 수 있습니다.

베개를 베고 누울 때, 근심을 하나님 말씀으로 지워 없애십시오. 오늘의 구절을 머리에 떠올려 보세요. 천천히 말씀의 힘을 받아들이기를 반복하십시오. 숙면에 필요한 평안을 발견할 것입니다.

사랑하는 주님. 주님 안에서 잠을 잘 수 있는 평안을 발견합니다. 주님만이 저를 무사히 살아가게 하십니다.

내 아들아, 내 말을 지키며 내 계명을 간직하라. 내 계명을 지켜 살며 내 법을 네 눈동자처럼 지키라. 이것을 네 손가락에 매며 이것을 네 마음판에 새기라. (잠언 7:1-3)

당신 안으로 하나님의 말씀을 집어넣을수록 걱정거리가 적어진다는 것을 알게 될 것입니다. 오늘 본문에서 하나님은 그분의 말씀을 지켜야 한다고 분명히 하십니다. 말씀이 필요할 때 말씀을 사용하려면 그분의 지혜를 비축해야 하고, 성자와 성령의 가르침에 시선을 고정해야 합니다. 손가락과 마음판에 하나님의 말씀을 새겨야 합니다.

하나님의 말씀 안에서 시간을 보내십시오. 마음에 새기기 원하는 구절들을 알려 달라고 하나님께 구하십시오. 말씀을 묵상하고, 당신 안에 말씀을 이식하십시오. 그것을 당신 존재의 한 부분으로 삼으십시오. 그분이 원하시는 대로 자연스럽게 행하는 자신을 발견할 것입니다.

하나님 말씀을 제 마음판에 새겨 주십시오.

모두를 위해 기도하기

그러므로 내가 첫째로 권하노니 "모든 사람을 위하여 간구와 기도와 도고와 감사를 하되 임금들과 높은 지위에 있는 모든 사람을 위하여 하라. 이는 우리가 모든 경건과 단정함으로 고요하고 평안한 생활을 하려 함이라." (디모데전서 2:1-2)

당신과 의견이 같지 않거나 불편하게 여기는, 권력과 힘 있는 자리에 있는 이들이 있을 수 있습니다. 마을, 도시, 나라를 잘못된 길로 이끌고 있다고 생각되는 몇몇 사람이 있을 수 있습니다. 당신은 그들이 다른 사람들의 최선의 이익에 별로 관심이 없다고 걱정합니다.

사도 바울은 지도자들이 무엇을 하거나 하지 않는 것에 대해 걱정하기보다는 그들을 하나님께 가져가라고 촉구합니다. 임금들과 높은 지위에 있는 모든 사람을 위해 기도하라고 권면합니다. 그것이 안팎으로 평안 가운데 살 수 있는 유일한 방법이기 때문입니다.

모든 지위의 모든 사람을 위해 기도하기 원합니다. 제가 지도자들을 위해 기도함으로 내적으로나 외적으로 진정한 평안을 얻도록 도와주세요.

솔로몬이 무릎을 꿇고 손을 펴서 하늘을 향하여 이 기도와 간구로 여호와께 아뢰기를 마치고 여호와의 제단 앞에서 일어나. (열왕기상 8:54)

기도는 예배의 한 형태로서 각자 자신만의 기도 자세가 있습니다. 눈을 감고 손을 포개고 고개를 숙여 기도하는 분들이 있습니다. 솔로몬 왕은 무릎을 꿇고 하늘을 향해 손을 들었습니다.

오늘의 요점은 다른 이들이 기도하는 방식에 대해 판단하거나, 당신이 어떻게 기도하는지에 대해 다른 사람들이 뭐라고 말할지 걱정하지 말라는 것입니다. 빌리 그레이엄 목사님이 말했듯이 "우리가 기도할 때 중요한 것은 몸의 자세가 아니라 마음의 태도입니다."

예수님이 우물가에서 만난 여인에게 말씀하셨습니다. "하나님 앞에서 중요한 것은, 너희가 어떤 사람이며 어떻게 사느냐 하는 것이다. 너희가 드리는 예배는, 너희 영으로 진리를 추구하는 예배여야 한다. 아버지께서는 바로 그런 사람, 곧 그분 앞에 단순하고 정직하게 있는 모습 그대로 예배드리는 사람을 찾으신다"(요한복음 4:23, 메시지).

오늘은 마음의 태도를 의식하며, 솔직한 대화를 위해 하나님 앞에 나아가십시오. 하나님께 나아갈 때, 본연의 모습으로 돌아가기에 적합한 장소를 찾아보십시오.

제가 여기 있습니다. 주님. 그냥 저인 채로, 있는 모습 그대로 나아갑니다.

우리가 무슨 일이든지 우리에게서 난 것같이 스스로 만족할 것이 아니니 우리의 만족은 오직 하나님으로부터 나느니라. (고린도후서 3:5)

세상은 성공하려면 고도의 자급자족 능력을 갖춰야 하며, 필요한 것을 채우려면 자신만을 의지해야 한다는 믿음을 심었는지 모릅니다. 하지만 이러한 자세는 진실하게 사랑하시는 공급자 하나님께로부터 멀어지게 합니다. 그분이 당신 안에 살고 당신이 그분 안에 살기를 바라시는 하나님은 당신이 그분께 의지하기를 원하십니다. 그래야 그분이 당신을 통하여 그분의 영광에 이르도록 역사하실 수 있습니다. 자급자족하려는 태도는 어떻게 모든 필요를 채울지 염려케 합니다. 실제 공급하시는 분께 기도하는 것을 방해합니다.

그러니 걱정이 생기거든, 당신 안에 자급자족적인 태도가 숨어 있지는 않은지 살펴보십시오. 하나님께서 창조하신 모습대로의 여성, 곧 그분께만 의지하는 여성이 될 수 있도록, 그러한 태도를 뿌리 뽑아 주시도록 간구하십시오.

주님께 기대고 의지할 수 있기를 원합니다. 주님 없이 저는 아무것도 할 수 없음을 압니다.

여호와 내 구원의 하나님이여,

내가 주야로 주 앞에서 부르짖었사오니

나의 기도가 주 앞에 이르게 하시며

나의 부르짖음에 주의 귀를 기울여 주소서.

(시편 88:1-2)

날마다 우리 짐을 지시는 주 곧 우리의 구원이신 하나님을 찬송할지로다. (시편 68:19)

당신을 너무나 사랑하시는 하나님을 모신 당신은 얼마나 복됩니까! 그분이 당신의 짐을 지실 뿐만 아니라 당신도 짊어지실 것입니다. 단한 번이 아니라 하루도 거르지 않고 매일매일 말입니다. 이것을 진실로 알고 믿으며 사는 것은 전인적인(지, 정, 육, 영) 평안을 줍니다. 걱정 없는 멋스러운 삶을 사는 데 필요한 것이죠! 그러나 유익은 거기서 그치지 않습니다. 당신의 짐을 지시는 하나님께서 당신을 강하게 하려고 작정하셨습니다!(시편 68:28, 35)

오늘, 근심을 하나님께 드리십시오. 하나님께서 근심은 물론 당신을 짊어지신다는 것을 믿으십시오. 그러고는 그분이 주시는 힘으로 하루를 시작하십시오.

주님, 근심이 저를 짓눌러 왔습니다. 제 모든 근심을, 그리고 저를, 오늘 그리고 매일 짊어져 주셔서 감사합니다. 이러한 앎이 제게 필요한 힘을 줍니다.

행복하고 복된 삶

 엘리사벳은 성령으로 충만하여 큰 소리로 외쳤다. "그대는 여자들 중에서 복을 받았고, 그대의 아이도 복을 받았습니다! 오, 하나님을 믿은 여자는 얼마나 행복한지요. 그 여자에게 하신 하나님의 약속이 이루어질 테니까요." (누가복음 1:42, 45, 필립스)

가브리엘은 마리아가 하나님께 은혜를 입었으며 잉태하여 아들을 낳으리라고 말했습니다. 마리아가 어찌 이러한 일이 있을까 의아해할 때, 천사가 자세히 설명했습니다. 그러고는 잉태치 못하던 마리아의 사촌 엘리사벳이 노년에 임신했음을 알려주었습니다. "하나님의 약속은 반드시 이루어진다!"(누가복음 1:37, 필립스)

마리아가 응답했습니다. "제 몸과 영혼은 주님의 것입니다. 당신이 말씀하신 대로 이루어지기를 바랍니다"(누가복음 1:38, 필립스). 엘리사벳을 방문한 마리아에게 엘리사벳은 복받은 여인이라 부르며 말했습니다. "하나님을 믿은 여자는 얼마나 행복한지요. 그 여자에게 하신 하나님의 약속이 이루어질 테니까요."

당신이 걱정을 포기하고, 불가능을 가능으로 만드시며 약속은 반드시 지키시는 하나님께 당신을 내어 드리면, 당신 역시 행복하고 복된 삶을 살 수 있습니다.

저의 전부를 주님께 올려 드립니다. 주님의 약속을 믿는 자들에게 그 약속이 이루어진다는 것을 압니다!

가만히 있으라

하나님이 그 성 중에 계시매 성이 흔들리지 아니할 것이라.
새벽에 하나님이 도우시리로다. (시편 46:5)

어떠한 곤경을 마주치더라도, 어떤 염려가 마음에 있더라도, 당신은
하나님의 견고한 성을 가지고 있습니다. 그분은 피난처요 힘, 환난 중
에 만날 큰 도움이십니다(시편 46:1). 그분이 당신 안에 사시고 당신이
그분 안에 거할 때, 해를 입거나 흔들릴 수 없습니다. 하나님이 당신
을 돕기 위해 그분의 전력, 즉 모든 천사, 모든 자원, 눈에 보이는 것과
보이지 않는 것들, 세상에서 필요한 물질적인 것까지 모든 것을 동원
하십니다. 그분은 당신을 보호하고 힘을 돋우며 자유롭게 하십니다.
평강의 하나님께서 부드럽게 이야기하십니다. "내가 알아서 한단다.
걱정하지 마렴." 그분은 당신의 역할에 대해서도 말씀하십니다. 그
것은 "가만히 있어 내가[하나님이] 하나님 됨"을 아는 것입니다(시편
46:10).

'내려놓고 가만히 있는 것'을 오늘의 목표로 삼아 보십시오. 하나님
께서 모든 것을 살피고 계심을 기억하십시오. 그분이 모두 알아서
하십니다.

오 주님, 주님을 더 잘 이해하도록 도와주십시오. 제가 가만히 있어 모든 일이
되어 가도록 두게 도와주십시오. 주님께 모든 것을(저를 포함하여) 돌보시게
내어 드릴 수 있도록 저를 도와주십시오.

그가 왼팔로 내 머리를 고이고 오른팔로 나를 안는구나. …
나의 사랑하는 자가 내게 말하여 이르기를 "나의 사랑, 내
어여쁜 자야, 일어나서 함께 가자." (아가 2:6, 10)

하나님은 친밀한 관계에 있기를 갈망하십니다. 일어나지도 않을 일
에 대한 걱정들이 장애물이 되어 당신 주의를 산만하게 해 하나님께
서 행하시는 것을 못 보게 되는 것을 원치 않으십니다.

근심의 벽을 허물기 위해 조용한 장소를 찾으십시오. 마음속에 있는
것을 하나님께 낱낱이 털어놓으십시오. 하나님께서 곁에 계심을 마
음속에 그리며 안심하십시오. "하나님이 왼팔로 내 머리를 고이고 오
른팔로 나를 안으심이 느껴집니다!"라고 말해 보십시오. 그분의 임재
를 즐기고, 목소리에 귀 기울이고, 말씀을 귀담아들으며, 원하는 만큼
충분히 그분과 함께 시간을 보내십시오. 어여쁜 당신, 일어나 그분이
이끄시는 곳으로 함께 가십시오.

주님이 왼팔로 내 머리를 고이고 오른팔로 나를 안으심을 느낄 수 있습니다.
주님의 임재와 사랑에 둘러싸여 평강 가운데 쉼을 누리게 하소서.

"너희에게 아버지가 되고 너희는 내게 자녀가 되리라. 전능하신 주의 말씀이니라" 하셨느니라. (고린도후서 6:18)

어릴 때, 넘어져 무릎이 까져서 부모님께 달려간 적이 있을 것입니다. 부모님은 피를 닦고 상처를 깨끗이 한 뒤 반창고를 붙여 줍니다. 어쩌면 상처에 뽀뽀를 해주었을 수도 있습니다. 왜 그랬을까요? 당신이 그들의 작고 소중한 딸이었기 때문입니다. 부모님은 당신을 사랑했고 보살폈습니다.

이제 당신은 성장하여 자녀를 두었을지도 모릅니다. 부모님이 일찍이 당신을 돌보았듯이, 그 부모님을 돌보고 있을지도 모릅니다. 때때로 '내가 도움이 필요할 때는 누가 나를 돌봐 주나' 하며 걱정을 합니다. 누가 당신을 도울까요? 바로 하나님이십니다.

당신은 하나님의 소중한 딸입니다. 그분이 말씀하십니다. "너희가 노년에 이르기까지 내가 그리하겠고 백발이 되기까지 내가 너희를 품을 것이라. 내가 지었은즉 내가 업을 것이요 내가 품고 구하여 내리라"(이사야 46:4).

넘어질 때마다 그분이 도우시도록 의탁하십시오. 지금부터 영원까지.

하나님 아빠, 지금부터 이 세상 끝 날까지, 제가 넘어지면 도울 준비를 하신 채 항상 곁에 계셔 주셔서 감사합니다.

총괄 계획자

우리는 그가 만드신 바라. 그리스도 예수 안에서 선한 일을 위하여 지으심을 받은 자니 이 일은 하나님이 전에 예비하사 우리로 그 가운데서 행하게 하려 하심이니라. (에베소서 2:10)

총괄 계획자이신 하나님은 시간이 시작되기 전에 이미 당신을 마음속에 품었습니다. 당신을 디자인하셨고, 그분의 위대한 계획의 부분일 수 있도록 그리스도 안에서 재창조하셨습니다. 당신이 선택할 수 있도록 길을 예비하셨습니다. 좋은 삶을 살 수 있도록 모든 것을 준비하셨습니다. 그런 당신이 걱정의 안장에 앉아 있다면, 하나님께서 계획하신 모든 것을 어떻게 실천하며 그분이 조각해 놓으신 놀라운 삶을 어떻게 살 수 있겠습니까?

'당신은' 하나님의 계획 안에 있지만 걱정은 그렇지 않습니다. 그러니 초조해서 손을 비벼 대는 것을 멈추십시오. 당신이 다룰 수 없는 모든 것을 하나님께 내어 드리고, 그분의 평강 안에 거하십시오. 하나님이 미리 마련하고 준비해 놓으신 그 좋은 삶을 사십시오.

주님이 저를 위해 짜신 계획들이 경이롭습니다. 제가 걱정을 뒤로한 채 주님의 평강에 거하며 주님이 놓으신 그 길로 걸어가도록 도와주십시오.

두려움 없이 웃으며

능력과 존귀로 옷을 삼고 후일을 웃으며*··· 고운 것도 거짓되고 아름다운 것도 헛되나 오직 여호와를 경외하는 여자는 칭찬을 받을 것이라. (잠언 31:25, 30)

잠언 31장 10-31절은 이상적인 여성의 빛나는 속성들을 묘사하고 있습니다. 하나님을 따르는 여성이 목표로 할 만한 것들입니다. 그녀는 믿음직스럽고, 열심히 자발적으로 일합니다. 가정과 가족을 보살피고, 투자에 대해 심사숙고합니다. 가난한 이들에게 베풀며 친절하고 지혜롭습니다. 그러나 가장 눈에 띄는 점은 '후일을 두려워하지 않고 웃는다'는 것입니다. '어떻게 그런 경지에 이를 수 있을까?' 궁금하실 것입니다.

아주 간단합니다. 하나님을 경외하십시오. 그분을 아십시오. 마음과 정신, 몸과 영과 혼을 다해 그분을 사랑하고 순종하며 예배하십시오. 이렇게 할 때 인생의 모든 영역에서 성공을 맛볼 것입니다. 하나님을 진정으로 알고 순종하면 정말이지 걱정할 것이 전혀 없다는 것을 깨닫게 될 것입니다.

* NLT 성경에는 '후일에 대한 두려움 없이 웃으며'(laughs without fear of the future)라고 번역되어 있다.

주님을 더 알기 원합니다. 따르고 순종하고 사랑하길 원합니다. 그래야 미래에 대한 두려움 없이 웃을 수 있을 테니까요!

내가 나의 침상에서 주를 기억하며 새벽에 주의 말씀을 작은 소리로 읊조릴 때에 하오리니 주는 나의 도움이 되셨음이라. 내가 주의 날개 그늘에서 즐겁게 부르리이다. 나의 영혼이 주를 가까이 따르니 주의 오른손이 나를 붙드시거니와. (시편 63:6-8)

늦은 밤, 당신은 깊이 잠들어 있어야 합니다. 그런데 어떤 이유에서인지 여전히 깨어 있습니다. 고요한 어둠 가운데 있을 때, 마음은 근심이라는 더 어두운 영역을 헤매게 되기 쉽습니다. 이럴 땐 생각의 패턴을 바꿔서, 하나님의 말씀을 읊조리며 걱정에서 경이로 가보면 어떨까요?

하나님께서 당신을 위해 얼마나 많은 일을 행하셨는지 기억하십시오. 어떻게 보호하시고 돌보시고 도우셨으며, 이날까지 당신이 필요로 했던 모든 것을 어떻게 공급하셨는지를. 그분이 베푸신 모든 복에 감사하고 기뻐하십시오. 당신을 붙들어 주고, 동행하며, 힘과 평안을 부어 주실 때, 그분께 꼭 붙어 있는 당신을 보십시오.

주님의 임재와 평안을 받아들이며 주님을 가까이 따를 때, 저를 붙들어 주소서.

평안이 다스리게 하라

이것을 너희에게 이르는 것은 너희로 내 안에서 평안을 누리게 하려 함이라. 세상에서는 너희가 환난을 당하나 담대하라. 내가 세상을 이기었노라. (요한복음 16:33)

예수님은 여러분에게 환난의 때가 있을 것임을 아십니다. 그러나 당신이 그분 안에 살 때, 환난에 대적할 만한 평안과 자신감을 발견하게 됩니다. 그러니 무슨 일이 일어났고, 일어나는 중이고, 일어날지라도 근심하지 마십시오.

그 대신 담대하십시오. 하나님께서 당신을 위해 계획하신 인생을 사십시오. 예수님이 세상을 이기셨으므로, 그분을 신뢰하고 평안을 누리십시오. 그분이 말씀하십니다. "내가 세상으로부터 너를 해할 힘을 박탈하였고 너를 위하여 그것을 정복하였다"(요한복음 16:33, AMPC).

오늘 당신이 맡은 일을 할 때, 몸과 마음과 정신, 혼과 영, 이 모든 것에 접근하실 수 있도록 예수님께 권한을 주십시오. 그분의 평안이 당신을 다스리게 하십시오. 그분 안에서 당신은 이긴 자가 될 것입니다.

예수님, 제 안에 오셔서 사십시오. 저의 근심을 극복하도록 도우시고 주님의 평안이 내면을 다스리게 하소서.

그리하면 여호와 그가 네 앞에서 가시며 너와 함께하사 너를 떠나지 아니하시며 버리지 아니하시리니 너는 두려워하지 말라. 놀라지 말라. (신명기 31:8)

모세는 하나님의 백성에게 작별인사를 하고 있습니다. 이들은 곧 여호수아에 의해 약속의 땅으로 인도될 것입니다. 모세는 하나님 '자신이' 그들 앞에서 가시며 승리를 주실 것이라 말했습니다.

모세가 격려합니다. "너희는 강하고 담대하라. 두려워하지 말라. 그들 앞에서 떨지 말라. 이는 네 하나님 여호와 그가 너와 함께 가시며"(신명기 31:6).

하나님께서 이스라엘 백성 앞에서 가셨던 것처럼 당신에 앞서 가십니다. 약속하신 땅으로 들어갈 때 당신과 함께 '행군'하십니다. 당신이 할 일은 걱정하거나 두려워하는 것이 아니라, 하나님께서 떠나지도 버리지도 아니하신다는 사실을 믿는 것입니다. 하나님을 전심으로 신뢰하며 그분과 발을 맞추어 걸을 때 당신은 승리할 것입니다.

주님을 신뢰하며 함께 발맞추어 걷습니다. 저를 주님이 약속하신 땅으로 인도하여 주십시오.

이는 나 여호와 너의 하나님이 네 오른손을 붙들고 네게 이르기를 "두려워하지 말라. 내가 너를 도우리라" 할 것임이니라. (이사야 41:13)

엄마는 아이가 길을 건너는 것을 도울 때 각별히 신경을 씁니다. 오가는 차들을 살피고, 도로 위 법규를 이해하고 있어야 합니다. 안전한 인도를 벗어났을 때 위험성을 인지하는 것은 아이가 아니라 엄마입니다. 엄마와 함께 있는 아이는 길을 건널 때 두렵지도 걱정스럽지도 않습니다. 엄마의 손을 붙잡고 전적으로 안심합니다. 눈에 보이거나 보이지 않는, 알려진 혹은 알려지지 않은 모든 위험에서 엄마가 안전하게 지켜 주리라는 것을 확실히 알기 때문입니다.

이제 나이가 들었으니, 길을 건너는 데 도움이 필요하지는 않을 것입니다. 하지만 인생길을 걷는 데는 도움이 '꼭' 필요합니다. 다행히 당신 곁에는 아버지 하나님이 계십니다. 그분이 당신 앞에 놓인 모든 위험을 보고 계십니다. 하나님이 당신의 오른손을 잡도록 내어주십시오. 그분이 이야기하는 것을 들으십시오. "두려워하지 말라. 내가 너를 도우리라." 하나님의 손을 붙잡을 때 당신은 안전하고 안심하게 될 것입니다.

주님, 제 손을 잡아 주세요. 주님과 동행하는 저는 두렵지 않습니다.

계획이 있으신 하나님

나는 내가 할 일을 안다. 그 일을 계획한 이가 바로 나다. 나는 너희를 돌보기 위해 계획을 세웠다. 너희를 포기하려는 계획이 아니라, 너희가 꿈꾸는 내일을 주려는 계획이다. 너희가 나를 부르고, 내게 와서 기도하면, 내가 들어줄 것이다. (예레미야 29:11-12, 메시지)

새로운 요리를 해보려다가 내가 지금 무엇을 하고 있나 싶어 당혹스러웠던 적이 있나요? 내가 만든 음식이 사진에 있는 것과 달라 보이거나 맛이 별로일 것 같아서 걱정했던 적은요?

삶에서 겪는 새로운 도전들도 이와 같을 수 있습니다. 새로운 업무, 새로운 직장, 새로운 프로젝트를 위해 아무리 많은 계획을 세우고 수많은 노력을 했더라도 걱정이 파고듭니다. 왠지 잘못되거나 돌이킬 수 없게 될까 봐 그렇습니다.

다행히도 하나님은 '그분이 하시는 일'을 아십니다. 그분은 결코 실수가 없으신 분이십니다. 그러니 아무것도 염려할 필요가 없습니다. 하나님은 당신을 위한 모든 것을 계획해 놓으셨습니다. '당신이 꿈꾸는 내일을 주려고' 그분이 보살피고 계십니다. 그러니 걱정하지 말고 기도로 나아가십시오. 그분이 들으려고 준비하고 계십니다.

주님께서 하실 일을 알고 계시니 저는 감사할 뿐입니다. 저는 주님을 믿습니다!

하나님 따르기

너희가 온 마음으로 나를 구하면 나를 찾을 것이요 나를 만나리라. 이것은 여호와의 말씀이니라. 나는 너희들을 만날 것이며 너희를 포로된 중에서 다시 돌아오게 하되 내가 쫓아 보내었던 나라들과 모든 곳에서 모아 사로잡혀 떠났던 그곳으로 돌아오게 하리라. 이것은 여호와의 말씀이니라.

(예레미야 29:13-14)

당신이 '정말' 하나님을 찾으러 가서 그분의 얼굴을 구하고, 그분의 임재를 애타게 갈망하며, 다른 그 무엇 누구보다도 그분을 필요로 하며 전심으로 찾으면 그분을 만날 것입니다. 그분을 만나면, 걱정은 물론 당신을 묶고 있는 모든 것에서 자유롭게 될 것입니다.

근심 없는 삶을 상상할 수 있나요? 매일을 하나님을 위해 용기, 희망, 기쁨, 웃음으로 사는 것을요. 더 이상 과거의 일을 후회하지 않고, 현재 일을 염려치 않으며, 미래를 두려워하지 않는 것을요.

당신의 전 존재, 모든 소유로 하나님을 따르십시오. 자유의 삶을 사십시오. 결코 뒤돌아보지 않을 것입니다!

모든 것을 걸고 주님을 따라가며 주님을 제 인생의 최고봉으로 삼기를 원합니다. 그렇게 해보겠습니다. 주님!

여호와께서 사람의 걸음을 정하시고 그의 길을 기뻐하시나니 그는 넘어지나 아주 엎드러지지 아니함은 여호와께서 그의 손으로 붙드심이로다. (시편 37:23-24)

근심이 감탄으로 바뀌는 것을 상상할 수 있나요? 그 일이 가능합니다. 저널리스트 맬컴 머거리지는 이렇게 썼습니다. "크고 작은 모든 일은 하나님께서 우리에게 말씀하시는 우화입니다. 그 안에 담긴 뜻을 알아차리는 것, 그것이 삶의 기술입니다."

일어나거나 일어나지 않을 일들 그리고 과거를 어떻게 고쳐야 할지에 집중하는 대신, 하나님이 오늘 나에게 말씀하고 계실 일에 감탄해 보면 어떨까요? 스스로에게서 벗어나 하나님께로 나아가십시오. 말씀을 통해 그분이 전달하시려는 뜻을 찾으십시오. 나와 하나님, 인생의 사건들 사이의 연결고리를 찾아보십시오. 하나님이 당신을 어디로 향하게 하시고 어디로 데려가시는지 주목하십시오.

당신의 손이 하나님 손안에 있으니, 비록 넘어질지라도 아주 엎드러지지는 않을 것입니다. 그러니 내딛는 모든 발걸음마다 감탄하며 기뻐하십시오.

주님. 제가 발걸음마다 즐거워하며 주님의 메시지를 발견할 수 있도록 도와주십시오.

능하지 못하심이 없는 말씀

대저 하나님의 모든 말씀은 능하지 못하심이 없느니라. (누가복음 1:37)

무엇을 말해야 할지 무엇을 해야 할지 모르는 상황에 놓여 있습니다. 해결할 수 없을 것 같은 문제가 있습니다. 압도당할 것 같은 거대한 도전 앞에 놓여 있습니다. 걱정과 두려움이 마음을 괴롭게 합니다. 어떻게 하면 이 길에서 벗어날 수 있을까요?

진퇴양난에 빠져 출구가 보이지 않을 때, 하나님을 바라보십시오. 그분의 임재 가운데 안식하며 평안을 누리십시오. 그리고 스스로에게 상기시키십시오. 그분이 이루실 수 없는 일은 없습니다. 시작하실 수 없는 일이 없고, 해결하실 수 없는 문제가 없으며, 대응하시지 못할 도전도 없습니다. 하나님께 불가능은 없습니다. 하나님은 그분의 모든 말씀과 약속을 이루십니다. 그분은 당신의 최고 응원자이십니다.

주님, 무엇을 해야 할지 모르겠습니다. 지금이 정말 주님이 필요한 시간입니다. 저에게 다가와 주십시오. 도와주세요. 주님께서 모든 일을 바로잡아 주실 것을 신뢰합니다. 말씀에 능하신 주님께서 저를 평안케 하소서.

이로써 사랑이 우리에게 온전히 이루어진 것은 우리로 심판 날에 담대함을 가지게 하려 함이니 주께서 그러하심과 같이 우리도 이 세상에서 그러하니라. 사랑 안에 두려움이 없고 온전한 사랑이 두려움을 내쫓나니 두려움에는 형벌이 있음이라. 두려워하는 자는 사랑 안에서 온전히 이루지 못하였느니라. (요한일서 4:17-18)

하나님의 사랑 안에 살고자 할 때, 당신만 그분 안에 있는 것이 아니라 그분도 당신 안에 계십니다. 하나님과 교제하는 동안에는 걱정, 두려움, 화, 의심이 머물 자리는 없습니다. 당신을 아주 많이 사랑하시는 하나님은 그분과 당신 사이에 그 무엇도 절대 들어오게 하지 않으실 것입니다. 하나님은 그 무엇도 누구도 당신을 그분 손에서 빼앗아 가게 놔두지 않으십니다(요한복음 10:28-30).

오늘, 하나님께 도와 달라고 기도하십시오. 그분의 사랑의 능력과 평안을 향해 마음을 열어 당신의 영이 그분의 영과 하나 될 수 있도록 기도하십시오. 그분의 사랑이 당신 안에 쏟아져, 당신을 먹이고 보충하고 가득 차서 주위 사람들에게 흘러넘칠 수 있게 해달라고 하나님의 임재 가운데서 얼마간의 기도 시간을 보내십시오.

주님의 사랑 안에 살고 주님이 제 안에 거하실 때만 얻을 수 있는 그 온전한 사랑을 원합니다. 저를 그러한 사랑으로 채워 주십시오.

집중해야 하는 것

> 주께서 대답하여 이르시되 "마르다야, 마르다야. 네가 많은
> 일로 염려하고 근심하나 몇 가지만 하든지 혹은 한 가지만
> 이라도 족하니라. 마리아는 이 좋은 편을 택하였으니 빼앗
> 기지 아니하리라" 하시니라. (누가복음 10:41-42)

당신은 마르다인가요, 마리아인가요?

마르다는 집으로 예수님을 초대했습니다. 예수님과 다른 손님들을
위해 음식을 준비하느라 마르다가 분주히 몸을 움직이는 동안, 동생
마리아는 "주의 발치에 앉아" 예수님의 말씀을 듣고 있었습니다(누가
복음 10:39). 마르다는 예수님께 가서 말했습니다. "주여, 내 동생이 나
혼자 일하게 두는 것을 생각하지 아니하시나이까? 그를 명하사 나를
도와주라 하소서"(누가복음 10:40). 그때 예수님은 마르다가 이 일로 염
려하고 화를 내서는 안 된다는 것을 분명히 하셨습니다. 집중해야 하
는 것은 오직 예수님과 그분의 말씀뿐이었습니다.

당신의 모든 염려를 예수님께 넘겨 드리십시오. 그리고 오직 한 가지,
그분이 말씀하시는 것을 듣는 데만 관심이 있다는 것을 그분께 알려
드리십시오.

제가 여기 있습니다. 주님의 발치에 앉아 있습니다. 저에게 말씀하여 주세요.
제가 듣겠습니다.

예수께서 즉시 손을 내밀어 그를 붙잡으시며 이르시되 "믿음이 작은 자여, 왜 의심하였느냐" 하시고. (마태복음 14:31)

제자들에게 배를 타고 호수 건너편으로 가라고 당부하신 예수님은 곧 기도하러 산에 오르셨습니다. 어둠이 내려앉을 무렵, 호숫가에서 멀리 떨어져 있던 배가 폭풍우에 휩싸였습니다.

그때 예수님이 물 위를 걸어 제자들에게 오셨고, 예수님을 본 제자들은 공포에 소리 질렀습니다. 그러자 예수님이 말씀하셨습니다. "안심하라. 나니 두려워 말라"(마태복음 14:27). 이때 베드로가 용감해져 말합니다. "주여, 만일 주님이시거든 나를 명하사 물 위로 오라 하소서"(마태복음 14:28). 예수님께서 오라 하시자 베드로는 배에서 내려 물 위를 걷기 시작했습니다. 그러나 곧 바람을 보고 무서워진 그가 물에 빠져가며 예수님께 소리쳤습니다. "나를 구원하소서!" 그러자 예수님이 그를 구원해 주셨습니다.

요점은 무엇입니까? 시선을 계속 예수님께 두고 상황이 아닌 그분께 집중한다면, 당신이 해낼 수 있도록 하실 것입니다. 당신이 한 번도 꿈꿔 보지 못한 일들을 할 수 있도록 그분이 도우실 것입니다.

예수님과 함께라면 저는 가라앉지 않을 것입니다. 주님께 오라고 제게 말씀하여 주십시오.

편안히 말하라

 사람들이 너희를 끌어다가 넘겨줄 때에 무슨 말을 할까 미리 염려하지 말고 무엇이든지 그때에 너희에게 주시는 그 말을 하라. 말하는 이는 너희가 아니요 성령이시니라. (마가복음 13:11)

인생에서 곤혹스러운 장면을 몇 번이나 연출했었나요? 정확히 어떤 말을 해야 할지 몰라 마음속으로 예행연습을 하며, 상대방이 어떤 반응을 할지 상상했을 겁니다.

하지만 그 방법에는 몇 가지 문제가 있습니다. 첫째, 실제 이루어지는 대화는 당신이 상상한 것과 거의 같지 않습니다. 둘째, 무슨 말을 할지 미리 걱정하고 각본대로 말하려 한다면, 성령께서 말을 꺼내실 여지를 남기지 않았다는 것입니다.

어려운 대화가 진행되리라고 예상되는 상황을 다루는 가장 좋은 방법은 하나님께 가는 것입니다. 어떤 일이 벌어지고 있고, 당신이 무엇에 신경 쓰고 있는지 그분께 알리십시오. 긴장을 푸십시오. 그리고 당신에게 "주시는 그 말"을 하십시오. 말하는 이는 당신이 아니라 성령님이십니다.

성령님. 제가 무슨 말을 해야 할지 알지 못할 때, 저를 통해 말씀하여 주십시오

그가 악을 버리며 선을 택할 줄 알 때가 되면 엉긴 젖과 꿀을 먹을 것이라. (이사야 7:15)

날마다 당신에게는 선택할 자유가 있습니다. 악보다는 선을, 그릇됨보다는 올바름을, 내 길이 아닌 하나님의 길을, 걱정이 아닌 기쁨을 선택할 자유가 있습니다. 선택의 폭이 넓어 선택 여부에 따라 파장이 일어납니다. 악 대신 선을, 그릇됨 대신 올바름을, 내 길이 아닌 하나님의 길을 택하는 것은 따로 설명이 필요 없어 보입니다. 무엇을 할지 하나님께 묻고 그대로 하면 됩니다.

하지만 걱정 대신 기쁨은 어떻게 선택할 수 있을까요? 그것은 단순합니다. 주변에 있는 복된 일에 눈을 뜨면 됩니다.

작가 마리안 윌리엄슨은 이렇게 썼습니다. "기쁨은 좋은 것들이 얼마나 좋은 것인지 스스로 인지할 때 생겨납니다." 오늘, 그리고 매일, 기쁨을 주는 것들을 선택하십시오. 생활 속에서 잘 진행되고 있는 것들을 나열해 보세요. 하나님이 당신을 위해 행하신 모든 일에 감사하세요. 그러면 기쁨의 꽃이 피어날 것입니다.

주님, 기쁨을 선택하도록 도와주십시오. 제 인생과 다른 사람들의 인생, 이 세상에 담긴 모든 좋은 것들을 인지하도록 도와주십시오.

예수께서 또 이르시되 "너희에게 평강이 있을지어다. 아버지께서 나를 보내신 것같이 나도 너희를 보내노라." 이 말씀을 하시고 그들을 향하사 숨을 내쉬며 이르시되 "성령을 받으라." (요한복음 20:21-22)

제자들은 유대인들이 무슨 일을 벌일지 근심하며 문을 잠그고 모였습니다. 부활하신 예수님이 그곳에 나타나서 말씀하셨습니다. "너희에게 평강이 있을지어다!" 제자들에게 자신의 상처를 보이시고 평강의 인사를 반복하셨습니다. 제자들을 파송한다는 말씀과 함께요. 그런 다음 제자들을 향해 숨을 내쉬며 이르셨습니다. "성령을 받으라."

예수님을 믿는 당신은 성령을 선물로 받았습니다. 그렇지만 부름 받은 일을 하기 위해서는, 일에 완전히 몰입하고 근심하지 않기 위해서는 기도로써 그리스도의 숨결과 평강에 마음을 활짝 열어 놓아야 합니다.

에드윈 키이스는 말합니다. "기도는 사람의 영을 내쉬고 하나님의 영을 들이마시는 것입니다." 오늘 기도할 때 그렇게 하는 것을 상상해 보십시오.

주 예수님, 나의 영을 내쉬고 하나님의 영을 들이마시며 기도할 때, 주님의 평강을 주소서.

소망의 하나님이 여러분의 믿음에 기쁨과 평안을 가득 채우셔서 성령의 능력으로 여러분의 인생과 장래 전체가 소망으로 빛나기를 빕니다. (로마서 15:13, 필립스)

근심이 마음을 채우고, 결정을 좌지우지하며, 하나님께서 바라시는 삶을 살 수 없도록 하는 것에 진절머리가 나요? 근심이 머리를 쳐들기 전에 소망의 하나님으로 마음을 채워 보면 어떨까요?

예술가 하워드 크리스티는 따라 하면 좋을 방법 하나를 소개합니다. "저는 매일 아침 15분 동안 마음을 하나님으로 가득 채웁니다. 그러면 염려스러운 생각이 머물 자리가 없습니다." 좋은 생각 아닌가요?

오늘 아침, 주체할 수 없는 상황에 놓이기 전에 하나님으로 가득 채우십시오. 짧은 기도로 시작해 보세요. "안녕하세요, 영광의 하나님!" 그러고는 믿음의 주님이 주시는 메시지를 찾으며 일정 분량의 성경을 읽습니다.

마지막으로, 소망으로 빛나는 그분의 관점을 가질 수 있도록 성령님의 인도하심을 따라 기도하십시오!

안녕하세요, 영광의 주님! 저의 마음을 채우소서. 저에게 소망을 주소서.

진정한 자아

그래서 내 잔이 넘쳐흐르는 것이다. 지금은 그분이 중앙무 대로 나오시고, 나는 가장자리로 비켜나야 할 순간이다. (요 한복음 3:30, 메시지)

성경은 스스로를 하나님께 드리라고 말합니다. 그분이 이끄시게 하 여 예수님은 더 커지시고 나는 작아지라고 말합니다. 그러면 나 자신, 나의 인격, 나의 유일함에는 도대체 무엇이 남을지 의아할 것입니다. 걱정하실 필요 없습니다. C. S. 루이스가 《순전한 기독교》에 썼듯이, "우리가 '나 자신'이라고 부르는 것에서 벗어나면 벗어날수록, 그분 께 자신을 드리면 드릴수록, 점점 더 진정으로 자기다워집니다. … 우리가 처음으로 나만의 진정한 인격을 갖기 시작하는 때는 바로 그 리스도를 위해 돌아서는 때, 돌아서서 그의 인격에 나 자신을 바칠 때입니다."*

진정한 내가 될 수 있도록 예수님께 내어 드리십시오. 하나님은 물론 모두가 만나기를 고대하고 있는 당신의 모습입니다.

* C. S. 루이스, 《순전한 기독교》(홍성사, 2001), 337, 339쪽.

예수님, 주저하고 있는 저를 용서해 주세요. 제 전부를 드리지 못함을 용서해 주세요. 제가 주님께 걸림돌이 되지 않도록, 주님과 제가 진정으로 빛날 수 있 도록 도와주십시오.

가까이 계실 때 하나님을 찾아라. 옆에 계실 때 그분께 기도
하여라. (이사야 55:6, 메시지)

하나님은 당신이 그분을 찾으며 그분이 가까이 계실 때 기도하기를
원하십니다. 하지만 프로젝트 마감, 잡일 처리, 아이들 픽업, 교회 봉
사 등으로 고군분투하느라 기도에는 진전이 없는 것 같습니다. 하나
님이 게으르다고 하실까 봐 걱정이 됩니다. 씻을 시간도 없을 만큼 바
쁜데 어떻게 끊임없이 기도할 수 있을까요?
하나님은 기도를, 해야 할 일 중 하나로 고안하지 않으셨습니다. 그러
니 기도에 대한 견해를 바꿔야 합니다.
기자이자 사진작가인 프랭크 비앙코의 말입니다. "사방에 계시는 하
나님을 찾는 인생을 살기 시작하면, 모든 순간이 기도가 됩니다." 둘
러싼 모든 것에서 하나님을 보고 하나님의 멋진 세계에 살면서 감사
를 올려 드리십시오.

주님, 제가 행하고 보는 모든 것에서 주님을 계시해 주십시오. 제 인생의 모든
순간이 주님께 드리는 기도가 되게 하소서.

> 그리스도의 평강이 너희 마음을 주장하게 하라. 너희는 평강을 위하여 한 몸으로 부르심을 받았나니 너희는 또한 감사하는 자가 되라. (골로새서 3:15)

그리스도의 평강이 마음을 주장하고 있나요, 근심이 좌지우지하고 있나요? 일상에서 벌어지고 있는 일들에 따라 이럴 때도 있고 저럴 때도 있을 것입니다.

모든 것이 원하는 대로 이뤄지고 있다면 침착한 태도를 유지하기 쉬울 것입니다. 그러나 하나님이 편안하고 익숙한 영역에서 당신을 떼어 내시거나 제어할 수 있는 영역을 벗어나 일이 걷잡을 수 없게 될 때, 인생에 도전이 옵니다.

하지만 무슨 일이 벌어지더라도 하나님을 온전히 신뢰한다면, 내면의 평강뿐만 아니라 밖으로도 빛을 발할 것입니다. 이를 통해 스스로 믿음의 증언자가 될 것입니다. 윌리엄 J. 탐스가 썼듯이 "당신이 어떻게 사는가에 주의하십시오. 당신은 누군가가 읽어 본 유일한 성경일 수 있습니다."

그리스도의 평강이 나를 다스리시는 것을 목표로 삼으십시오. 내면의 빛이 어떻게 다른 사람들의 마음을 끄는지 보고 놀랄 것입니다.

주님의 평강이 제 마음을 주장하고 내면을 고요케 하사, 다른 사람들의 마음을 끌게 하소서.

넉넉한 나눔

주라. 그리하면 너희에게 줄 것이니 곧 후히 되어 누르고 흔들어 넘치도록 하여 너희에게 안겨 주리라. 너희가 헤아리는 그 헤아림으로 너희도 헤아림을 도로 받을 것이니라. (누가복음 6:38)

예수님은 당신이 다른 사람들을 잘 대해 주기를 바라십니다. 그들을 축복할 때, 당신을 복으로 갚아 주실 것이기 때문입니다. 그러나 나 자신, 그리고 내가 가지고 있는 자원을 주는 것이 어려울 수 있습니다. '나도 부족한데'라며 걱정하고 있을 때라면요.

이제 그 생각을 바꿀 시간입니다. 부족함에 대한 염려를 멈추십시오. 다른 이들에게 나눔으로써 이 세상을 더 나은 곳으로 만드십시오. 교회 봉사, 푸드뱅크 자원봉사, 자선단체 기부, 또는 이웃의 일손을 돕거나 노숙자 쉼터에 담요를 나누는 봉사 등 할 일이 참 많습니다.

아는 사람 또는 전혀 모르는 사람을 위해 아주 작은 한 가지를 하는 것으로 시작해 보십시오. 실천한 일과 함께 돌려받은 내용도 포함해 적다 보면, 부족한 것에 대한 근심들이 곧 희미한 기억이 될 것입니다.

예수님. 다른 이의 삶을 축복하기 위해 제가 오늘 할 수 있는 일을 보여 주십시오.

나를 능하게 하신 그리스도 예수 우리 주께 내가 감사함
은 나를 충성되이 여겨 내게 직분을 맡기심이니. (디모데전서
1:12)

사역을 도와 달라는 제안이나 사역을 맡아 달라는 부탁을 받고는 감
당할 만한 시간과 에너지가 부족해 염려한 적이 있을 것입니다. 이미
어딘가에서 섬기고 있는데 기력이 다한 것 같아 걱정이 되기도 합니
다. 이때가 기도가 더욱 중요한 지점입니다.

하나님께는 당신을 향한 분명한 계획이 있습니다. 예수님은 부름 받
은 것을 감당할 수 있는 힘을 주십니다. 그러니 새로운 사역을 시작하
거나 그 자리에 남는 것에 "예"라고 말하기 전에 그분께 기도로 나아
가십시오. 새롭게 시작할 때인지, 하던 일을 계속하기를 바라시는지
물으십시오. 그분이 당신이 필요로 하는 것보다 더 많은 능력과 힘을
주시리라 확신하며, 결정 내린 그곳을 잘 섬기십시오.

주님, 저에게 방향을 보여 주시고 섬기는 데 필요한 힘과 능력을 주심에 감사
합니다!

나는 전적으로 확신하게 되었습니다. 곧 죽음이든 생명이든 하늘이 보낸 사자든 지상의 군주든 오늘 일어나는 일이든 내일 벌어질 일이든 위에서 온 힘이든 아래서 난 힘이든 그리고 하나님이 만드신 온 세상에 있는 다른 어떤 것이든 우리 주 그리스도 예수 안에 있는 하나님의 사랑에서 우리를 갈라놓지 못합니다. (로마서 8:38-39, 필립스)

사람들은 당신과 대립각을 세우기도 합니다. 곁을 떠나거나 사랑을 멈추기도 합니다. 하지만 하나님은 그러시지 않습니다. 하나님의 사랑에서 분리될까 봐 걱정할 필요가 없습니다. 그분의 사랑은 무조건적입니다. 무슨 일이 있든지 당신을 사랑하십니다. 이 사랑은 당신과 하나님 사이를 연결하는 끊어지지 않는 끈입니다.

그분의 사랑에 눈뜨게 해달라고 기도하십시오. 햇살처럼 쏟아져 내려 감싸고, 부드럽게 받치고, 잡아 주고, 축복하며, 따스하게 해주는 그 기쁜 사랑을 느끼게 해달라고 기도하십시오. 그 사랑은 하루의 모든 순간에 당신을 먹이고, 다른 이들이 무엇을 하든 무슨 말을 하든 상관없이 그분의 길을 걷도록 확신을 줄 것입니다.

아버지 하나님. 하나님 안에 안식할 때 주님의 사랑을 저의 마음에 비추소서.

"너희는 괴로워하지 마라. 하나님을 굳게 믿고 또 나를 굳게 믿어라. 내 아버지 집에는 방이 아주 많다. 그렇지 않다면 내가 너희가 있을 곳을 준비하러 간다고 말했겠느냐? 내가 너희가 있을 곳을 준비하러 가는 것도 사실이지만, 너희가 나 있는 곳에 있도록 너희를 내 집으로 맞이하러 내가 다시 온다는 것도 사실이다." (요한복음 14:1-3, 필립스)

예수님은 당신이 걱정하거나 괴로워하지 않기를 원하십니다. 그 대신 하나님을 굳게 믿고 예수님을 굳게 믿으라고 말씀하십니다. 예수님이 육신으로는 이 땅을 떠나셨을지라도, 우리에게 돕는 분(성령님)을 남기셨습니다. 그동안에 예수님은 당신이 머물 방을 준비하고 계십니다. 하나님 아버지의 집에 말입니다. 왜 그럴까요? 그분이 계신 곳에 당신을 있게 하기 위함입니다!(요한복음 14:4)

그러니 걱정은 옆으로 제쳐두세요. 하나님과 예수님을 믿는 믿음을 굳게 붙드십시오. 그분의 즐거운 집에 마련된 당신의 방을 기대하며, 길이요 진리요 생명이신 예수님을 따르고 근심 없이 사십시오.

예수님은 집처럼 편안한 저의 고향이십니다. 저를 위한 집, 주님과 함께할 방을 준비해 주셔서 감사합니다!

"그러나 나 하나님을 의지하는 자, 언제나 하나님을 붙드는 자는 복이 있다. 그들은 에덴에 심긴 나무 같아서, 강가에 깊이 뿌리를 내린다. 폭염을 만나도 걱정할 것 없고, 잎사귀 하나 떨어지지 않는다. 가뭄에도 끄떡없고, 철 따라 신선한 열매를 맺는다." (예레미야 17:7-8, 메시지)

근심은 힘과 에너지를 약화시킬 뿐만 아니라 창의적이고 생산적인 활동도 방해합니다. 하나님은 이것을 아주 잘 아십니다. 그런 이유로, 하나님을 의지하고 그분의 계획 가운데 함께 머물며 약속을 붙들 때 복되다고 말씀하십니다.

하나님을 의지하면 우리는 생명 강가에 깊이 뿌리내린 나무와 같습니다. 폭염을 만나도 여전히 싱싱합니다. 그분 안에서 확신하여 평화롭고 고요할 때, "철 따라 신선한 열매를 맺을" 것입니다(예레미야 17:8, 메시지).

하나님을 믿으십시오. 모든 것에서, 항상, 모든 방법으로 복을 누릴 것입니다.

근심의 바람이 저를 흔드는 것을 거부하며 주님 곁에 머뭅니다.

그리스도의 평강이 너희 마음을 주장하게 하라.

너희는 평강을 위하여 한 몸으로 부르심을 받았나니

너희는 또한 감사하는 자가 되라.

(골로새서 3:15)

굳게 서서

그에게 이르기를 "너는 삼가며 조용하라. 르신과 아람과 르
말리야의 아들이 심히 노할지라도 이들은 연기 나는 두 부
지깽이 그루터기에 불과하니 두려워하지 말며 낙심하지 말
라. 아람과 에브라임과 르말리야의 아들이 악한 꾀로 너를
대적하여 이르기를 … 주 여호와의 말씀이 그 일은 서지 못
하며 이루어지지 못하리라." (이사야 7:4-5, 7)

몇몇 나라가 유다를 위협했습니다. 하나님은 이사야에게 아하스 왕
에게 말하라고 이르십니다. "너는 삼가며 조용하라[걱정을 멈추라,
ESV]. … 두려워하지 말며 낙심하지 말라"(이사야 7:4). 사람들이 악한
꾀로 그를 대적할지라도 그것은 절대 일어나지 않을 것이며, 현실로
나타나지 않을 일이었습니다.

걱정이 공격해 올 때, 하나님께서 말씀하시는 것을 들으십시오. "걱정
을 멈추어라. 너는 두려워할 필요가 없다." 게다가 걱정하고 있는 일
은 대부분 결코 일어나지 않습니다. 설사 일어나더라도, 하나님께서
합력하여 선을 이루실 것입니다.

그러니 하나님을 믿으십시오. 그분을 신뢰하십시오. "너희가 믿음 안에
굳게 서지 않으면, 도무지 제대로 서지 못할 것이다"(이사야 7:9, 메시지).

주님, 저는 주님을 신뢰하며 믿음 위에 굳게 서 있습니다. 그 무엇이 다가올지
라도 말입니다!

최고의 방어

모세가 백성에게 이르되 "너희는 두려워하지 말고 가만히 서서 여호와께서 오늘 너희를 위하여 행하시는 구원을 보라. 너희가 오늘 본 애굽 사람을 영원히 다시 보지 아니하리라. 여호와께서 너희를 위하여 싸우시리니 너희는 가만히 있을지니라." (출애굽기 14:13-14)

하나님께서 그 백성을 편안하고 익숙한 곳에서 끌어내자 백성들은 근심이 자라나 공황 상태가 되었습니다. 홍해와 애굽 군대 사이에 끼어 있을 바에는 차라리 애굽의 노예일 때가 더 좋았다고 생각하기 시작했습니다. 그러나 모세는 그들에게 염려하거나 두려워하지 말고 가만히 서서 여호와께서 행하시는 것을 보라고 말했습니다. 하나님께서 그들을 위하여 싸우고 계시기 때문에 이스라엘 백성은 애굽의 전사들을 다시는 보지 못할 것이었습니다.

그리고 하나님께서 이기셨습니다! 그분은 백성을 위해 바다를 가르셨고, 공격자들을 빠뜨리기 위해 물을 다시 불러 모으셨습니다.

당신은 하나님의 딸이고 그분의 백성입니다. 무슨 일이 있든지 그분이 방어해 주실 것입니다. 이제 할 일은 근심하거나 공포에 떨지 않고 가만히 서서 그분의 일하심을 보는 것입니다!

주님은 저를 가장 강력히 방어해 주십니다. 저는 단지 가만히 서서 주님이 승리하시는 것을 지켜볼 것입니다.

근심 없는 삶에 이르는 길

그러나 자족하는 마음이 있으면 경건은 큰 이익이 되느니라. 우리가 세상에 아무것도 가지고 온 것이 없으매 또한 아무것도 가지고 가지 못하리니 우리가 먹을 것과 입을 것이 있은즉 족한 줄로 알 것이니라. (디모데전서 6:6-8)

당신의 걱정 목록에는 무엇이 들어 있나요? 몹시 갖고 싶은 새 지갑을 살 돈이 충분하지 않아서 조바심이 드나요? 새 차 할부금을 못 갚아 나갈까 봐 불안한가요? 그렇다면 삶을 조금 조율해야 할 때가 온 것 같습니다.

사도 바울은 하나님과의 관계가 올바르고, 가진 것으로 행복한 것이 참 만족을 준다고 했습니다. 먹을 음식이 있고 옷을 걸치고 있는 한 자족해야 하고 자족할 수 있습니다.

그러니 더 많이 얻으려고 근심하지 마십시오. 빚을 지거나 불필요한 것에 매이게 할 뿐입니다. 그 대신, 하나님을 기쁘시게 하고 예수님을 따르도록 애쓰십시오. 그것이 바로 근심으로부터 자유로운 삶을 살 수 있는 지침입니다.

더 단순하게 살도록 도와주십시오. 주님. 그래서 덜 가지고, 덜 염려하며 살게 도와주십시오.

악을 행하는 자들 때문에 불평하지 말며 불의를 행하는 자들을 시기하지 말지어다. 그들은 풀과 같이 속히 베임을 당할 것이며 푸른 채소같이 쇠잔할 것임이로다. 여호와를 의뢰하고 선을 행하라. 땅에 머무는 동안 그의 성실을 먹을거리로 삼을지어다. (시편 37:1-3)

하나님을 믿지 않는 사람들이 더 운이 좋은 것처럼 보입니다. 거짓말하고 속이고 규칙과 법규를 어길수록 더 잘되는 것 같습니다. 반면에 옳게 살려고 노력하는 나는 그들을 앞서갈 수 없을 것 같습니다.

하나님은 악과 불의를 행하는 사람들로 인해 속상해하지 말라고 말씀하십니다. 진정으로 잘되고 있는 사람은 바로 '당신'입니다. 하늘에 보화를 쌓으며 영원한 생명으로 가는 여정에 있는 당신과 달리, 불의를 행하는 자들은 속히 쇠잔할 것이며 그들이 취한 것을 가지고 갈 수 없을 것입니다.

그러니 담대하십시오. 하나님을 의뢰하고 모든 것, 모든 이들을 그분의 손에 놓아두십시오. 그분이 모든 것을 바로잡으실 것입니다.

제 눈이 주님과 주님이 하라고 하신 일에 집중할 수 있도록 도와주십시오. 주님 안에서 저는 진정 흥왕합니다!

또 여호와를 기뻐하라. 그가 네 마음의 소원을 네게 이루어 주시리로다. (시편 37:4)

오랫동안 비밀스럽게 간직한 바람이 있을 것입니다. 아이 때부터 꿈꿔 왔지만 시기가 맞물리지 않아 이루지 못했습니다. 과연 그 꿈을 실현할 수 있을지 걱정스럽습니다. 너무 늦은 것 같습니다!

걱정하지 마십시오. 하나님께 계속 나아가 그분과 시간을 보내며, 그분의 임재와 말씀을 기뻐하면 "주님께서 네 마음의 소원을 들어주신다"(시편 37:4, 새번역)고 합니다. 하나님과 함께라면, 결코 늦은 때란 없습니다.

오늘 하나님께 기도하십시오. 그분께 당신의 바람을 이야기하십시오. 당신이 무엇을 하기 원하시는지 물으십시오. 그분께는 영광이 되고 당신에게는 기쁨을 가져올 그 길에 당신을 두실 것입니다.

주님, 제가 여기 있습니다. 주님의 말씀을 기뻐하며 주님 안에서 기쁨과 평안을 찾습니다. 저의 꿈과 바람에 대해 말씀드립니다. 저를 어디로 가게 하시렵니까? 무엇을 하게 하시렵니까?

네 길을 여호와께 맡기라. 그를 의지하면 그가 이루시고 네의를 빛같이 나타내시며 네 공의를 정오의 빛같이 하시리로다. (시편 37:5-6)

어디로 가야 할지 무엇을 해야 할지 헤매고 있나요? 어딘가에서 길을 잘못 들어선 것 같아 초조한가요? 긴장을 푸십시오. 하나님께 모든 염려를 알리십시오. 염려가 당신의 등에서 벗겨져 그분께로 옮겨지게 하십시오. 총괄 계획자께서 당신이 가야 할 길을 보여 주실 것을 신뢰하십시오.

하나님은 당신을 홀로 내버려 두지 않으셨습니다. 성부 하나님, 성자 예수님, 성령 하나님께서 당신을 지키기 위해 보고 계십니다. 삼위일체 하나님은 과거와 현재, 미래를 아시며, 모든 지혜를 지니셨고, 초인적인 능력을 발휘하십니다. 당신이 무엇을 하며, 어디로 가며, 무슨 생각을 하며, 어디에 마음을 두는지 다 아십니다. 삼위일체 하나님께 당신을 활짝 열어 보이고, 그 뜻에 반응하십시오. 그러면 절대로 길을 잃지 않을 것입니다.

제가 주님을 위해 빛나도록 길을 보여 주소서.

참고 기다리라

여호와 앞에 잠잠하고 참고 기다리라. 자기 길이 형통하며
악한 꾀를 이루는 자 때문에 불평하지 말지어다. (시편 37:7)

속살이 보일 정도로 손톱을 물어뜯으며 타이밍을 생각합니다. '하나
님께서 언제 행동하실까? 얼마나 기다려야 하지? 속도를 내려면 내
가 뭔가 해야 하는 거 아닐까? 무엇을 해야 하지?'

하나님께서 무엇인가를, 아니 뭐라도 해주시길 초조하게 기다리며
이런 생각을 해본 적이 있나요? 그렇다면, 당신을 향한 하나님의 뜻
을 벗어난 그 무엇을 하기 위해 위험할 정도까지 나아간 것입니다. 그
런 일들은 잘되는 법이 거의 없습니다. 왜 그런지는 사라와 리브가에
게 물어보세요(창세기 16, 27장).

하나님께서 언제 움직이실지 걱정하기보다 여호와 앞에서 잠잠히 쉬
십시오. 그분이 행하시기를 참고 기다리십시오. 하나님께는 완벽한
타이밍이 있습니다.

주님, 제가 선을 넘기 전에 도와주소서. 잠잠하고 평안하며 하나님이 움직이
시기를 기다리게 하소서. 주님의 타이밍이 완벽하다는 것을 압니다.

"내가 그들이 고난의 바다를 지나갈 때에 바다 물결을 치리니 나일의 깊은 곳이 다 마르겠고 앗수르의 교만이 낮아지겠고 애굽의 규가 없어지리라. 내가 그들로 나 여호와를 의지하여 견고하게 하리니 그들이 내 이름으로 행하리라. 나 여호와의 말이니라." (스가랴 10:11-12)

고난의 바다에 빠진 것처럼 느껴질 때, 두려워하거나 낙담하지 마십시오. 그 대신 기도하십시오. 다른 어떤 존재보다도 하나님이 강한 분이심을 상기시켜 달라고 구하십시오. 고난의 바다를 안전하게 지날 것을 주님이 확신시켜 주실 것입니다. 삶을 위협하는 바다 물결을 치시고 물의 가장 깊은 곳조차 마르게 하실 것입니다. 하나님 아버지는 그 모든 것을 하실 수 있습니다. 그분은 하나님이시니까요! 그분이 말씀하실 때 모든 일이 일어납니다.

하나님이 구해 주시고, 견고히 하시고, 당신이 가고자 하는 길로 인도해 주실 것입니다. 들으십시오! 하나님께서 말씀하십니다. 믿으십시오! 당신은 정복할 것입니다.

주님, 인생 바닥에 놓일 때도, 높음 가운데 있을 때도 함께해 주셔서 감사합니다. 파도가 덮치려 위협할 때 물리쳐 주십시오. 주님 안에서 강건하게 하소서.

무릇 더러운 말은 너희 입 밖에도 내지 말고 오직 덕을 세우는 데 소용되는 대로 선한 말을 하여 듣는 자들에게 은혜를 끼치게 하라. (에베소서 4:29)

말에는 힘이 있어 주변 사람들에게 영향을 미칩니다. 그러므로 걱정을 내뱉어 다른 사람의 생각을 오염시키지 않도록 주의해야 합니다. 걱정을 소리 내어 표현할 때, 마음속의 염려들이 더 강해질 뿐 아니라 당신의 걱정을 그들 자신의 것처럼 짊어지게 할 수 있습니다. "~하면 어쩌지" 하는 염려는 당신도 모르는 사이에 전염되고 확산됩니다.

걱정을 내뱉는 대신, 마음을 밝아지게 하는 말을 해보는 것은 어떨까요? 예를 들어, "그리스도의 능력으로 모든 것을 할 수 있어!"(빌립보서 4:13 참고), "하나님께서 길을 내실 거야", "나는 이 세상에서 주님의 선하심을 볼 것을 믿어!"(시편 27:13 참고) 등과 같은 격려의 말을 상황에 맞게 해보십시오.

좋은 일을 말하면 당신은 물론 다른 사람들의 믿음도 세울 수 있습니다.

주님, 걱정을 말하기보다 하나님이 주신 지혜의 말들을 하게 도우소서. 허무는 자가 아니라 세우는 자가 되게 하소서.

오직 여호와를 앙망하는 자는 새 힘을 얻으리니 독수리가 날개 치며 올라감 같을 것이요 달음박질하여도 곤비하지 아니하겠고 걸어가도 피곤하지 아니하리로다. (이사야 40:31)

근심은 우리의 몸과 정신, 영혼에서 진을 빼놓습니다. 지친 채로 인생을 걸으면 가는 길 어딘가에서 더 쉽게 넘어질 수 있습니다.

근심이 찾아올 때 여호와를 앙망하십시오. 하나님이 행하시는 일을 기대하십시오. 하나님의 사랑과 능력, 자비하심의 증거를 보거든 모든 곳에서 즐거이 그분을 찾아보십시오. 모든 소망을 오직 하나님께 두십시오.

그렇게 할 때 새 힘을 얻고, 무엇이 다가와도 감당할 수 있습니다. 힘과 능력이 새로워져 더 높이, 태양 가까이까지 오를 것입니다. 달음박질하여도 곤비하지 않고 걸어가도 피곤하지 않을 것입니다.

하나님을 앙망하십시오. 그분이 힘 있게 하실 것입니다.

주님, 고대합니다. 저를 주님 계신 하늘나라로 높이실 그날을!

믿음으로 가득 찬 여인

 이는 네 속에 거짓이 없는 믿음이 있음을 생각함이라. 이 믿음은 먼저 네 외조모 로이스와 네 어머니 유니게 속에 있더니 네 속에도 있는 줄을 확신하노라. (디모데후서 1:5)

믿음을 어떻게 행동으로 옮기는지는 젊은이들의 가슴에 강한 인상을 남깁니다. 자녀, 손주, 그리고 누군가의 자녀가 당신의 인생을 바라볼 때, 뭐라고 할 것 같나요? 조바심치는 여성? 용사와 같은 여성?

사도 바울은 디모데의 영적 아버지였습니다. 이 젊은이에게 보내는 편지에서 바울은 디모데의 어머니와 외할머니를 회상합니다. 그들의 진실된 믿음이 어떻게 디모데가 따라야 할 본보기가 되었으며, 그리스도를 온전히 믿기까지 길을 닦았는지 기억했습니다.

디모데의 어머니와 외할머니처럼 당신이 근심하는 사람이 아닌 기도의 용사가 되기를 간구합니다. 다른 이들이 바라보고 모델로 삼을 수 있는 평안과 믿음이 가득한 여성이길 소망합니다.

사랑하는 주님, 저를 기도하는 여인, 평안이 충만하고 믿음 안에서 강건한 여인으로 만들어 주세요.

야곱아, 너를 창조하신 여호와께서 지금 말씀하시느니라. 이스라엘아, 너를 지으신 이가 말씀하시느니라. "너는 두려워하지 말라. 내가 너를 구속하였고 내가 너를 지명하여 불렀나니 너는 내 것이라. 네가 물 가운데로 지날 때에 내가 너와 함께할 것이라. 강을 건널 때에 물이 너를 침몰하지 못할 것이며 네가 불 가운데로 지날 때에 타지도 아니할 것이요 불꽃이 너를 사르지도 못하리니." (이사야 43:1-2)

힘겨운 시간을 지날 때에라도 하나님이 당신과 함께하시니 근심에 굴복할 필요가 없습니다. 고난의 소용돌이를 지나더라도 침몰하지 않을 것입니다. 잔인한 불 가운데를 걸어도 타지 않을 것입니다.

하나님의 소중한 딸인 당신은 구원받을 것입니다! 하나님은 당신을 사랑하시고 영화롭게 하십니다! 당신이 이리저리 헤매더라도 하나님은 말씀하십니다. "북쪽에다가 이르기를 '그들을 놓아 보내어라' 하고, 남쪽에다가도 '그들을 붙들어 두지 말아라. … 나의 딸들을 땅 끝에서부터 오게 하여라'"(이사야 43:6, 새번역).

근심이 쌓여 갈 때, 하나님 보시기에 당신이 누구일지 기억하십시오. 당신을 사랑하시는 아버지, 당신을 이름으로 부르시는 그분께 기도하십시오.

아버지 하나님. 하나님의 진리로 살기를 원합니다. 제가 하나님 안에서 커가는 동안 동행하여 주십시오.

새 일

나 여호와가 이같이 말하노라. "바다 가운데에 길을, 큰 물 가운데에 지름길을 내고 … 너희는 이전 일을 기억하지 말며 옛날 일을 생각하지 말라. 보라, 내가 새 일을 행하리니 이제 나타낼 것이라. 너희가 그것을 알지 못하겠느냐. 반드시 내가 광야에 길을 사막에 강을 내리니." (이사야 43:16, 18-19)

하나님은 진정 바다 가운데 길을, 큰 물 가운데 지름길을 내실 만큼 강력하고 유일한 존재이십니다. 그러나 당신이 어제 일어난 일을 곱씹으며 오늘이라는 시간을 흘려보내고 있다면 결코 새 길과 지름길을 보지 못할 것입니다.

하나님은 당신이 지금 이 순간을 살되, 예상치 못한 것들을 기대하며 살기 원하십니다. 그분이 당신 인생에 완전히 새로운 일을 행하실 것입니다. 아니, 이미 행하고 계십니다! 그것이 보이나요? 그분은 "광야에 길을 사막에 강을" 내시고 있습니다(이사야 43:19).

그러니 과거에 대한 근심들은 뒤로하십시오. 하나님께서 일하고 계신 지점에 눈을 두십시오! 그러면 앞에 높인 새 길을 분명히 볼 것입니다.

주님, 예상치 못한 것들을 볼 준비가 되었습니다! 제 눈은 주님이 닦아 놓으신 새 길에 집중되어 있습니다!

스스로 조심하라

너희는 스스로 조심하라. 그렇지 않으면 방탕함과 술취함과 생활의 염려로 마음이 둔하여지고 뜻밖에 그날이 덫과 같이 너희에게 임하리라. (누가복음 21:34)

작은 근심 하나가 마음속으로 슬금슬금 들어옵니다. 얼마 후 "~하면 어쩌지"가 합류합니다. 그런 다음 또 하나, 또 하나, 또 하나가 들어옵니다. 숨을 쉴 수 없을 지경입니다. 스스로를 일으켜 세울 수 없습니다. 모든 염려가 당신을 짓눌러 마음과 정신, 혼과 영을 청소할 힘이 없습니다.

예수님은 생활의 염려가 슬쩍 들어올 때 당신이 경계심을 늦추지 않고 깨어 있기를 원하십니다. 작은 근심 하나가 접근하려 할 때 하나님께 가십시오. 염려에서 벗어나게 해달라고 기도하고, 특정한 염려들을 떨쳐 버릴 성경 말씀을 주시길 간구하십시오. 이것을 습관으로 삼을 때, 악한 영의 염려와 거짓된 영의 저주 대신 하나님의 지혜와 진리의 복들로 채워진 자신을 발견할 것입니다.

주님. 제가 더 저를 살피고 염려들을 주님의 지혜로 바꿀 수 있도록 도와주십시오.

자기 안에 일하고 계신 하나님의 활동을 신뢰하는 사람들은 자기 안에 하나님의 성령이— 살아 숨 쉬고 계신 하나님이!—계시다는 사실을 발견하게 됩니다. 자기 자아에 사로잡힌 사람들은 결국 막다른 길에 이를 뿐입니다. 그러나 하나님께 주목하는 사람들은 탁 트이고 드넓은, 자유로운 삶 속으로 이끌려 갑니다. (로마서 8:6-7, 메시지)

걱정은 당신이 어떤 인생을 살고 싶은지(영으로 살고 싶은지, 육으로 살고 싶은지)에 대해 선택권이 있음을 매 순간 상기시켜 줍니다. 마음이 육에 속해 있다면 걱정의 노예가 되고, 하나님의 영에 속해 있다면 하나님의 자유로운 용사가 됩니다.

그것은 당신이 초점을 어디에 두었는지로 설명할 수 있습니다. 〈메시지〉 성경은 그것을 이렇게 설명합니다. "자기 자아에 집중하는 것과 하나님께 집중하는 것은, 극과 극입니다. 자기 자아에 몰두하는 사람들은 하나님을 무시하고, 결국 하나님보다 자기 자아에 더 많이 몰입하게 됩니다. 그런 사람들은 하나님과, 하나님이 행하시는 일을 무시합니다"(로마서 8:8, 메시지).

하나님을 신뢰하는 것을 선택하십시오. 이로써 자유로운 용사가 되십시오.

저 자신에게서 벗어나 주님께로 가게 이끌어 주십시오. 지금껏 갈망하던 평강과 자유를 주님 안에서 찾을 것입니다.

너의 하나님 여호와가 너의 가운데에 계시니 그는 구원을
베푸실 전능자이시라. 그가 너로 말미암아 기쁨을 이기지
못하시며 너를 잠잠히 사랑하시며 너로 말미암아 즐거이
부르며 기뻐하시리라 하리라. (스바냐 3:17)

이메일은 수정하기도 쉽고 삭제 버튼을 눌러 실수를 지울 수도 있습
니다. 연필로 수학 문제를 푸는 중이라면 설령 오류가 있더라도 지우
개로 지우면 그만입니다. 그러나 삶에서 한 말, 행동, 실수들은 고치
거나 잊기가 매우 어렵습니다.

하지만 하나님은 당신이 이것을 알기 원하십니다. 잘못에 대해 하나
님께 용서를 구할 때, 그분은 오류를 드러내시지 않고 전부 잊어버리
신다는 것을요! 그리고 당신으로 말미암아 즐거이 노래를 부르십니
다!(스바냐 3:17)

그러니 지난 실수로 인해 근심하지 마십시오. 하나님이 그러신 것
처럼 당신도 그것들을 잊으십시오. 그리고 스바냐의 노래에 동참하
십시오!

주님, 제가 실수할 때마다 용서해 주셔서 감사합니다. 주님과 함께 부르는 이
노래로 이끌어 주십시오.

거센 파도를 진정시키시는 하나님

우리 구원의 하나님이시여, 땅의 모든 끝과 먼 바다에 있는 자가 의지할 주께서 의를 따라 엄위하신 일로 우리에게 응답하시리이다. 주는 주의 힘으로 산을 세우시며 권능으로 띠를 띠시며 바다의 설렘과 물결의 흔들림과 만민의 소요까지 진정하시나이다. (시편 65:5-7)

뿌리 깊은 몇 가지 염려가 있습니다. 오래되고 힘이 막강하여 쉽게 떨칠 수 없는 염려 말입니다. 그럴 땐 하나님께 손을 들어 놀랍게 행하시는 주 하나님을 부르며 기도해야 합니다.

하나님은 당신을 만드시고 주변에 있는 모든 것을 조성하신 분이십니다. 이 세상은 물론 다음 세상에서도 당신을 넘어 존재하는 모든 것을 이루시는 분이십니다. 그분은 당신이 상상하는 것보다 더 큰 능력을 지닌 초인적인 존재이십니다.

당신 안의 깊은 곳에서 출렁이는 염려의 물결들을 진정시켜 달라고 하나님께 의뢰하십시오. 걱정이 내면의 영을 두드리는 것을 멈추고 전부 소멸되도록 그분께 의뢰하십시오.

기도하십시오. 하나님께서 놀라운 행하심으로 신실하게 응답하실 것입니다.

주님, 이 근심의 영향력에서 저를 해방시켜 주소서. 저의 소망은 오직 주님께 있습니다.

아! 생생한 소망을 주신 하나님께서 여러분을 기쁨으로 가득 채우시기를, 평화 가득하게 하시기를, 그리하여 여러분의 믿음의 삶이 생명 주시는 성령의 힘으로 가득해져서, 소망이 차고 넘치기를! (로마서 15:13, 메시지)

사전은 "바라던 것이 이루어질 수 있다는 느낌, 또는 일이 결국 잘되리라는 느낌. 특정한 경우에 이러한 감정에 대한 근거"(Dictionary.com)로 '소망'을 정의합니다. 소망은 소유할 만한 훌륭한 자질입니다. 소망이 자연스럽게 걱정을 물리치는 것 같습니다!

그러니 하나님 안에서 소망을 키워 가는 것을 목표로 두십시오. 성경 속 소망에 관한 구절들을 낱낱이 살펴보고, 그 구절들을 암송하십시오. 로마서 15장 13절 말씀으로 시작하셔도 좋습니다. 아니면 시편 42편 5절, "내 영혼아, 네가 어찌하여 낙심하며 어찌하여 내 속에서 불안해하는가. 너는 하나님께 소망을 두라. 그가 나타나 도우심으로 말미암아 내가 여전히 찬송하리로다"로 시작해 보십시오.

당신이 왕의 딸, 주의 딸, 창조주의 딸이라는 것을 기억하십시오. 그분은 말씀하십니다. "너희를 향한 나의 생각을 내가 아나니 평안이요 재앙이 아니니라. 너희에게 미래와 희망을 주는 것이니라"(예레미야 29:11).

소망의 하나님. 제가 소망으로 넘쳐흐를 수 있도록 주님의 기쁨과 평안을 채워 주소서.

오 하나님, 제가 주의 이름을 불렀습니다. 구렁 밑바닥에서 소리쳐 불렀습니다. "귀를 막지 마십시오! 여기서 꺼내 주십시오! 저를 건져 주십시오!" 그러자, 주께서 들으셨습니다. 제가 소리쳐 부르자 주께서 가까이 오셨고, 말씀해 주셨습니다. "염려하지 마라." (예레미야애가 3:55-57, 메시지)

염려들 때문에 어두운 구렁 밑바닥에 있는 듯한 느낌이 들 때, 빛으로 돌아갈 수 있는 방법은 밑바닥에서 소리치는 것입니다. 하나님을 그분이 지니신 여러 이름으로 부르십시오. 그 이름들은 그분의 성품을 묘사하고 당신의 필요에 잘 맞습니다. 전능하신 하나님, 보호자, 견고한 성, 나를 지켜보시는 이, 피난처, 방패, 내 주 반석, 빛의 주님….

하나님은 당신이 하는 말을 귀 기울여 '들으십니다.' 깊은 어둠에서 빛으로 '건지십니다.' 그분이 당신 옆으로 다가와서 말씀하실 것입니다. "염려하지 마라."

빛과 생명의 주님, 저를 이 근심의 구렁에서 해방시켜 주소서. 제가 부를 때 가까이 오소서.

선을 계획하시는 하나님

당신들은 나를 해하려 하였으나 하나님은 그것을 선으로 바꾸사 오늘과 같이 많은 백성의 생명을 구원하게 하시려 하셨나니. (창세기 50:20)

요셉은 아버지 야곱이 편애하는 아들이었습니다. 시기심을 느낀 형제들은 요셉을 구덩이로 밀어 넣고, 상인들에게 팔아 버렸습니다. 요셉은 애굽 왕 바로의 관원에게 팔려갔고, 부당하게 강간범으로 몰렸으며, 감옥에 던져졌습니다. 이 모든 시간을 지나는 동안 요셉은 염려하기보다는 하나님을 신뢰했습니다. 무슨 일이 벌어졌든지 어디에 놓였든지, '여호와께서 요셉과 함께하시므로 그가 형통한 자가 되었습니다'(창세기 39:2). 결국 요셉은 애굽의 권력 서열 두 번째가 되었습니다. 이로써 그는 그의 가족을 구할 수 있었습니다.

비록 힘겨운 시간을 보내고 있을지라도 염려하지 마십시오. 하나님께 당신을 향한 목적이 있다는 것을 신뢰하십시오. 무슨 일을 만나든지, 하나님께서 합력하여 선을 이루신다는 믿음을 가지십시오. 요셉처럼 당신도 형통할 것입니다.

저를 사랑하여 주시니 감사합니다. 주님의 목적을 신뢰합니다. 주님이 선한 일을 계획하고 계심을 압니다.

지혜로운 여인은 자기 집을 세우되 미련한 여인은 자기 손으로 그것을 허느니라. (잠언 14:1)

근심에는 도미노 효과가 있습니다. 관심을 사로잡은 무엇인가로 염려하기 시작하면 곧 염려의 목소리를 내고, 허둥지둥하게 되고, 주변 사람들도 그 염려를 받아들일 것입니다. 가정, 교회, 직장의 모든 사람이 이 일로 곤혹스러울 것입니다.

꾸준한 기도의 삶과 격려, 명확한 믿음으로, 가정과 동료 나그네들을 세우는 지혜로운 여인이 되는 것이 좋습니다. 염려가 당신의 생각 속으로 들어오면, 즉시 예수님의 얼굴을 찾으십시오. 그분의 평안을 거머쥐고, 당신의 문제를 맡아 주시도록 구하십시오. 앞이나 뒤에 무엇이 놓여 있든지 그분이 당신을 알아보실 것임을 믿으십시오. 그러면 걱정을 헤쳐 가야 하는 다른 이들을 도울 입장이 될 것입니다. 침착하게 들어 주고, 필요로 할 때 격려하고, 요청받을 때 현명하게 충고하는 것 등을 통해서요.

제 근심을 주님께 드리고 주님이 주신 평강으로 우리 가정을 세우는 지혜로운 여인이 되게 도와주소서.

올바른 목적

 또한 너는 청년의 정욕을 피하고 주를 깨끗한 마음으로 부르는 자들과 함께 의와 믿음과 사랑과 화평을 따르라. (디모데후서 2:22)

잠자리에서 나오기 전에 하루(또는 인생의)의 목표와 목적을 세우면 쉬 걱정에 빠지는 일을 막아 줄 것입니다. 이로써 당신은 의도적으로 걱정을 하지 않을 수 있습니다. 그러나 '~하지 않기'라는 소극적(부정적) 목적보다, 염려의 여지를 남겨 두지 않을 적극적(긍정적) 목적을 세워 보면 어떨까요? 사도 바울이 디모데에게 목적으로 삼으라고 말한 것을 생각해 보십시오. "의와 믿음과 사랑과 화평을 따르라[목적으로 삼으라. 좇으라. 추구하라, AMPC]." 그럴 때 염려는 없습니다!

오늘, 침대에서 내려오기 전에 의 곧 하나님께서 당신이 살도록 하시는 방법대로 살 것을 목적으로 삼아 보십시오. 믿음과 사랑과 평화를 따르고자 결심하십시오. 염려는 발 디딜 곳이 없을 것입니다.

당신이 세운 그 목적들이 대체로 충족될 것입니다.

오늘 삶의 목적은 곁에 계신 주님과 함께 믿음, 사랑, 평안을 추구하는 것입니다!

인도자와 수호자

여호와께서 그를 황무지에서, 짐승이 부르짖는 광야에서 만나시고 호위하시며 보호하시며 자기의 눈동자같이 지키셨도다. 마치 독수리가 자기의 보금자리를 어지럽게 하며 자기의 새끼 위에 너풀거리며 그의 날개를 펴서 새끼를 받으며 그의 날개 위에 그것을 업는 것같이 여호와께서 홀로 그를 인도하셨고 그와 함께한 다른 신이 없었도다. (신명기 32:10-12)

때때로 사막에 홀로 있는 것처럼 느낄지 모릅니다. 길을 잃고 보호받지 못한 채, 바람이 둘러싸 휘몰아치는 것 같습니다. 아주 약해져 있어서 아무도 당신을 도와줄 수 없을 것 같아 걱정이 됩니다.

걱정하지 마십시오. 하나님이 함께하십니다. 그분이 감싸고 지켜보십니다. 하나님은 당신을 가장 소중한 보물로 여기시고, 당신이 얼마나 연약해질 수 있는지 아시기에 보호를 약속하십니다. 어미 독수리처럼 날개를 펴시고, 당신을 받아 업어 더 나은 곳으로 인도하실 것입니다. 그분의 약속이 당신의 근심을 덮어 없앨 것입니다.

주님, 제가 있는 곳으로 저를 만나러 와주셔서 감사합니다. 눈동자와 같이 지켜 보호하여 주소서. 약속의 땅으로 저를 옮겨 주소서.

최고의 방패

여호와는 나의 반석이시요 나의 요새시요 나를 건지시는 이시요 나의 하나님이시요 내가 그 안에 피할 나의 바위시요 나의 방패시요 나의 구원의 뿔이시요 나의 산성이시로다. (시편 18:2)

걱정에 대항할 방어책을 찾고 있다면, 주님 이상을 보지 마십시오. 그렇게 함으로써(시편 17:8) 다윗도 하나님의 소중한 존재가 되었는데, 심지어 그가 꽤 중대한 실수를 한 후에도 그랬습니다.

다윗은 얼마나 하나님을 사랑하는지 고백하며 시편 18편을 시작합니다(1절). 그런 다음 하나님이 어떤 분이신지 묘사합니다. 반석, 요새, 건지시는 이, 바위, 방패, 뿔, 산성… 이어서 노래합니다. "내가 찬송받으실 여호와께 아뢰리니 내 원수들에게서 구원을 얻으리로다"(시편 18:3).

근심이 통제를 벗어나 하나님께서 원하시는 일을 할 수 없게 할 때, 하나님께 찬양의 노래를 부르십시오. 그분이 누구신지 기억하십시오. 하나님께서 당신을 구원하실 것입니다.

나의 반석, 나의 구원자이신 주님. 제가 주님을 찬양하며 노래할 때, 염려로부터 저를 구원하여 주십시오!

놀라운 방식으로 받는 복

하나님께서는 온갖 복을 놀라운 방식으로 부어 주실 수 있습니다. 이는 여러분이 꼭 해야 할 일을 하도록 준비시키는 것에 그치지 않고, 무슨 일이든지 넉넉히 할 수 있도록 준비시키려는 것입니다. (고린도후서 9:8, 메시지)

조지 뮬러는 1800년대 영국에서 고아원을 운영했습니다. 어느 날 아침, 돈은 없는데 아이들의 아침 식사 접시와 컵이 비어 있었습니다. 아이들이 서서 식사를 기다리는 동안 뮬러는 기도했습니다. "사랑하는 아버지, 우리에게 주실 일용할 양식을 인하여 감사를 드립니다." 그때 하나님께 감동받은 한 제빵사가 문을 두드렸습니다. 그의 팔에는 아이들을 위한 빵이 한가득 들려 있었습니다. 한편, 고아원 앞에서 우유를 팔던 장사꾼이 수레가 망가져 고치려면 수레를 비워야 한다면서 아이들에게 우유를 주고 싶다고 했습니다.

이처럼 당신에게 필요한 것을 하나님은 아시고, 소유하고 계십니다. 필요에 대한 당신의 염려를 공급을 위한 기도로 바꾸십시오. "놀라운 방식으로" 복을 받을 것입니다.

주님, 놀라운 방식으로 제게 복을 내리사 이로써 다른 이들을 축복하게 하소서.

그러나 의를 위하여 고난을 받으면 복 있는 자니 그들이 두려워하는 것을 두려워하지 말며 근심하지 말고 너희 마음에 그리스도를 주로 삼아 거룩하게 하고 너희 속에 있는 소망에 관한 이유를 묻는 자에게는 대답할 것을 항상 준비하되 온유와 두려움으로 하고. (베드로전서 3:14-15)

고난을 받을 때 근심하거나 두려워하지 말아야 한다고 전하는 오늘의 말씀은, 예수님이 체포되시자 근심하고 두려워했던 제자 베드로에 의해 쓰였습니다. 사실 베드로는 예수님을 안다는 것조차 부인하는 지경까지 갔었습니다! 그러나 마침내 베드로는 그 누구보다도 예수님께 헌신적이 되었습니다.

예수님은 고난 없는 삶을 약속하지 않으십니다. 하지만 그분 곁에 머물고 옳은 일을 행하는 이에게는 평안과 상급을 약속하십니다.

예수님을 위해 사는 동안 다른 사람들의 말과 행동 때문에 위협이 느껴진다면, 예수님과 그분의 말씀을 마음과 가슴에 굳게 간직하십시오. 걱정하는 대신 예배하십시오. 상급과 하늘나라의 복을 확신하십시오(마태복음 5:10).

나의 주. 나의 요새이신 하나님과 함께라면, 다른 이들의 말로 근심하거나 두려워할 필요가 없습니다. 주님을 따를 때 저를 복되게 하시니 감사합니다.

용기를 가지라

맥 풀린 손에 힘을 불어넣고, 약해진 무릎에 힘을 돋우어라. 두려워하는 자들에게 전하여라. "용기를 가져라! 기운을 내라! 하나님께서 오고 계신다. 모든 것을 바로 세우시려고, 모든 잘못된 것을 바로잡으시려고, 여기로 오고 계신다. 그분께서 오고 계신다! 너희를 구원하시려!" (이사야 35:3-4, 메시지)

염려, 스트레스, 두려움, 절규의 때에 불러낼 수 있도록 몇몇 성경 구절은 외워 두면 좋습니다. 이사야 35장 3-4절도 그런 말씀 중 하나입니다. 다양하게 번역된 여러 성경 가운데 당신의 마음을 정말로 움직이는 버전을 찾아보세요. 그러고는 염려를 느낄 때, 손에 맥이 풀릴 때, 무릎에 힘이 빠져 쓰러질 것 같을 때 그 구절들을 외워 보십시오. 몸과 마음, 영혼에 힘을 돋우려면 이 말씀을 당신 버전으로 바꾸어 선포하십시오. "여자여, 기운을 내세요. 용기를 가지세요. 힘을 내세요. 하나님이 바로 여기에 당신과 함께 계십니다. 그분이 이 일을 바로잡으실 것입니다. 당신을 구하려고 그분이 오고 계십니다!"

예수님이 임마누엘, 우리와 함께하시는 하나님(마태복음 1:23)이심을 기억하십시오! 그러니 당황하지 말고 기도하십시오!

하나님, 저와 함께해 주셔서 감사합니다! 주님과 함께 길을 나설 때 주님께서 모든 것을 바로 세우실 것을 압니다.

요동치 않는 삶

나를 훈계하신 여호와를 송축할지라. 밤마다 내 양심이 나를 교훈하도다. 내가 여호와를 항상 내 앞에 모심이여, 그가 나의 오른쪽에 계시므로 내가 흔들리지 아니하리로다. (시편 16:7-8)

요즘에서야 많은 사업장들이 연중무휴로 영업을 합니다. 하지만 하나님은 창조 이래로 계속하여 그분의 백성들에게 밤낮으로 자신을 열어 두고 시간을 내오셨습니다. 낮에는 인도하시고 밤에는 조언하시는 전능하신 창조주가 한결같이 곁에 계신데 무엇이 염려되겠습니까.

하나님의 영원한 관점으로 일과 사물들을 바라보십시오. 우리의 나날은 그분께 한순간 같을 것입니다. 그러니 당신을 산만하게 하는 걱정, 두려움, 염려를 버리고, 그리스도 안에 있는 기쁨과 평안으로 충만한 삶을 사십시오.

하나님이 함께하십니다. 당신은 결코 흔들리지 않을 것입니다. 모든 날을 용기와 평안과 기쁨으로 가득 채워 영혼이 하나님의 리듬에 맞춰 움직이게 하십시오.

인도하시고, 가르치시고, 항상 함께하시는 주님을 송축합니다. 주님이 곁에 계시니 저는 흔들리지 않습니다.

우리가 알거니와 하나님을 사랑하는 자 곧 그의 뜻대로 부르심을 입은 자들에게는 모든 것이 합력하여 선을 이루느니라. (로마서 8:28)

로마서 8장 28절은 말합니다. 삶에서 일어나는 모든 것은—좋은 것이든 나쁜 것이든, 통제 안에 있든 밖에 있든—하나님의 계획에 따라 존재할 이유가 있어서 일어난다고요. 그리고 그분이 모든 것이 합력하여 선을 이루게 하십니다.

때로는 받아들이기 힘든 일이 일어나기도 합니다. 그렇다고 그것이 진실이 아니라고 말할 수는 없습니다. 요셉에게 그것은 결국 진실이었습니다. 요셉은 사랑하는 자들에 의해 구덩이에 던져졌고 노예로 팔렸으며 감옥에 보내졌으나, 결국 애굽의 2인자가 되었습니다!

일어나거나 일어나지 않을 일을 놓고 걱정하는 대신, 무슨 일이든 하나님께서 선하게 이루신다는 확신을 품고 평안을 누리십시오. 그리고 기억하십시오. 하나님은 무엇이든지 하실 수 있습니다. 당신의 역할은 그저 그분을 믿는 것입니다.

주님, 저의 동역자이신 주님께서 모든 것이 합력하여 선을 이루도록 하실 것임을 압니다. 그 말씀을 의지하게 하소서.

하나님의 손에

하나님은 우리의 피난처시요 힘이시니 환난 중에 만날 큰 도움이시라. 그러므로 땅이 변하든지 산이 흔들려 바다 가운데에 빠지든지 바닷물이 솟아나고 뛰놀든지 그것이 넘침으로 산이 흔들릴지라도 우리는 두려워하지 아니하리로다.

(시편 46:1-3)

세계가 무너지고 있는 것처럼 느껴질 때가 있을 겁니다. 날씨는 이상하게 변해 가고, 거대한 빙하가 녹고, 화산이 폭발하고, 도시에 홍수가 범람하고, 숲은 불에 타고… 이런 상황을 보고 걱정하지 않을 여성은 없을 것입니다.

하지만 가장 높으신 하나님의 딸인 당신은 피난처이신 그분께 나아갈 수 있으므로 염려하거나 두려워할 필요가 없습니다. 그분 안에서 당신은 어떤 것, 그리고 모든 것을 헤쳐 나가는 데 필요한 힘과 도움을 얻을 것입니다.

그러니 안심하십시오. 하나님께 기도하십시오. 하나님이 세상을 통치하시고, 모든 것을 바로잡으실 것임을 안다고 고백하십시오. 어떻게 되어 가고 있는지 세세하게 알 필요는 없습니다. 세부적인 것들, 마음속의 모든 것은 그저 그분의 손에 맡기십시오.

주님, 저를 보호하시고 힘을 주시고 도우실 준비를 한 채 항상 같이 계시니 감사합니다. 주님으로 인하여 평안을 누리며 용기를 가집니다.

약속에 이끌려

사랑하는 친구 여러분, 이와 같이 우리를 이끌어 주는 약속을 받았으니, 안에 있든 밖에 있든, 우리를 더럽히거나 우리의 주의를 흩트리는 것과 관계를 깨끗이 끊어 버립시다. 우리 삶 전체를 하나님을 예배하기에 합당한 성전으로 만듭시다. (고린도후서 7:1, 메시지)

하나님께는 당신을 위한 계획이 있습니다. 하나님은 당신이 그분을 위해 살고 신뢰하며, 말과 행동이 그분의 약속에 기반하고, 모든 것에서 선이 이루어지기를 기대하며 살기를 바라십니다.

하나님은 그분의 사랑하는 딸이 강하고 건강하기를 원하십니다. 그러려면 "평온한 마음"이 필요하며, 이는 "육신의 생명"(잠언 14:30)입니다. 하나님의 기쁨과 당신의 건강 및 안녕을 위하여, 주의를 산만하게 하는 염려들과 깨끗하게 결별하십시오. 염려를 하나님께 맡기고 나아가십시오. 그분의 약속을 믿고 그 약속을 당신의 것으로 삼아 캐내십시오. 하나님의 현실에 사십시오. 그럴 때 그분이 꿈꾸신 그 삶을 당신이 살게 될 것입니다.

하나님을 위한 합당한 성전이 되게 도와주십시오. 주님, 제가 갈망하는 평안을 허락하여 주십시오.

너의 하나님 여호와가 너의 가운데에 계시니
그는 구원을 베푸실 전능자이시라.
그가 너로 말미암아 기쁨을 이기지 못하시며
너를 잠잠히 사랑하시며
너로 말미암아 즐거이 부르며
기뻐하시리라 하리라.

(스바냐 3:17)

성경 구절 찾아보기

구약

창세기

9:14-15 ·········· 54
12:1-2 ·········· 27
16장 ·········· 172
27장 ·········· 172
39:2 ·········· 185
50:20 ·········· 185

출애굽기

3:11-12 ·········· 116
4:1-2 ·········· 117
14:13-14 ·········· 167

신명기

31:6 ·········· 143
31:8 ·········· 143
32:10-12 ·········· 188

여호수아

1:5-9 ·········· 35
1:8 ·········· 108
1:9 ·········· 35

사사기

6:12 ·········· 44
6:14-16 ·········· 44
7:2 ·········· 61

사무엘상

16:7 ·········· 103
17:39 ·········· 42
17:40 ·········· 42

열왕기상

8:39 ·········· 103
8:54 ·········· 130
17:12 ·········· 125
17:13 ·········· 125
18:1 ·········· 84
18:41 ·········· 84

열왕기하

4:23 ·········· 119
4:26 ·········· 119
19:14-15 ·········· 16

역대하

6:4 ·········· 84
20:3 ·········· 64

20:12	64	23:4	114
20:15, 17	65	27:5	83
20:20	66	27:10	105
20:21	66	27:13	33, 174
20:22-23	66	27:13-14	33
		29:11	28
느헤미야		31:14-15, 19	53
2:4-5	126	32:7	34
9:6	75	32:8	34
		34:4, 6-7	21
에스더		34:5	21
4:14	77	34:17	85
4:16	77	34:18	32
		37:1-3	169
욥기		37:4	170
42:2	81	37:5-6	171
		37:7	172
시편		37:8	99
3:3, 5-6	120	37:23-24	147
4:8	127	40:4-5	20
5:3	121	42:5	183
5:11	122	46:1	136
5:12	123	46:1-3	195
16:7-8	193	46:5	136
17:8	189	46:10	136
18:1	189	55:22	30
18:2	189	56:3-4, 13	52
18:3	189	62:1	7
18:33	12	62:5-6	7
19:14	108	63:6-8	141
23:1-2	113	65:5-7	182

68:19	134	7:1-3	128
73:23-24, 28	43	8:18, 34-35	124
77:19-20	41	12:25	30
86:5-7	107	14:1	186
88:1-2	102	14:30	196
94:18-19	94	18:24	105
116:1-2	22	31:10-31	140
116:6	22	31:25, 30	140
116:7	22		
116:10	22	**아가**	
119:49-50	89	2:6, 10	137
119:114, 165	96		
121:1-2, 7-8	6	**이사야**	
125:1-2	12	7:4-5, 7	166
127:1-2	10	7:9	166
131:2	7	7:15	153
138:7-8	47	26:3	48
139:2, 5-6	18	33:2	98
139:23-24	49	33:3	98
140:12	31	35:3-4	192
141:1-2	85	40:31	175
143:5, 8	46	41:10-11	45
143:8	98	41:10-13	45
144:1-2	50	41:13	144
145:2, 5	78	42:16	109
		43:1-2	177
잠언		43:6	177
1:33	79	43:16, 18-19	178
3:5-6	74	46:4	138
4:20-22	99	51:12	19
6:22	115	55:6	157

55:11	81
58:10	80
65:24	110

예레미야

17:7-8	163
29:11	183
29:11-12	145
29:13-14	146
32:17	11

예레미야애가

3:21-22	82
3:55-57	184

다니엘

3:16-18	9
3:25-29	9

호세아

2:14-15	55

스바냐

3:17	181

스가랴

10:11-12	173

신약

마태복음

1:23	192
5:10	191
6:6	15
6:25	13, 30
6:31-33	13
6:34	95
7:7-8	23
9:4	103
9:21	25
9:22	25
11:28-30	56
13:22	39
14:27	151
14:28	151
14:31	151
19:14	63

마가복음

1:35	98
4:39-40	92
8:34	24
11:24	25
13:11	152

누가복음

1:37	135, 148
1:38	135
1:42, 45	135

6:38 ································· 159	8:28 ····························· 54, 194
10:39 ······························ 150	8:38-39 ························· 161
10:40 ······························ 150	15:13 ························· 155, 183
10:41-42 ························· 150	
11:1-2 ····························· 14	**고린도전서**
11:2-4 ····························· 14	10:13 ································· 62
17:32 ······························ 38	
21:34 ······························ 179	**고린도후서**
24:27 ······························ 97	3:5 ································· 131
24:31 ······························ 97	5:20 ································· 29
24:32 ······························ 97	6:18 ································ 138
	7:1 ································· 196
요한복음	9:8 ································· 190
2:24-25 ·························· 103	12:10 ······························ 112
3:30 ································· 156	
4:23 ································· 130	**갈라디아서**
10:10 ································ 56	6:8 ·································· 71
14:1-3 ····························· 162	6:9-10 ······························ 72
14:4 ································· 162	
14:27 ································ 91	**에베소서**
16:33 ································ 142	2:10 ································ 139
20:21-22 ························· 154	4:29 ································ 174
사도행전	**빌립보서**
3:3-5 ································ 26	2:12-13 ······························ 8
3:19 ································· 49	3:10 ································· 40
	3:13-14 ···························· 38
로마서	4:6-7 ······························ 5, 13
8:6-7 ································ 180	4:8 ································· 17
8:8 ································· 180	4:13 ································ 174
8:26 ································· 86	

골로새서

3:2 ·········· 67

3:15 ·········· 158

3:23-24 ·········· 106

4:2 ·········· 51

데살로니가전서

2:4 ·········· 103

2:13 ·········· 76

5:16-18 ·········· 93

데살로니가후서

3:16 ·········· 104

디모데전서

1:12 ·········· 160

2:1-2 ·········· 129

6:6-8 ·········· 168

디모데후서

1:5 ·········· 176

1:7 ·········· 40

2:22 ·········· 187

히브리서

11:1 ·········· 87

11:6 ·········· 60

12:1-2 ·········· 90

13:5-6 ·········· 57

야고보서

1:5 ·········· 88

1:6-8 ·········· 88

베드로전서

3:14-15 ·········· 191

5:6-7 ·········· 111

5:7 ·········· 30

베드로후서

3:9 ·········· 73

요한일서

3:22-23 ·········· 118

4:9-10 ·········· 58

4:17-18 ·········· 149

5:14-15 ·········· 25

요한계시록

3:8 ·········· 59

8:4 ·········· 85

22:17 ·········· 70

기도 많이 걱정 조금

근심걱정이 찾아들 때 힘이 되는 181가지 말씀 묵상

초판 1쇄 발행 **2021년 12월 3일**

지은이 도나 K. 말티즈
옮긴이 보배그릇
펴낸이 이현주
책임편집 이지든 이현주
디자인 스튜디오 아홉

펴낸곳 사자와어린양
출판등록 2021년 5월 6일 제2021-000059호
주소 03140 서울시 종로구 삼일대로 428, 5층 500-28호(낙원동, 낙원상가)
전화 010-2313-9270   **팩스** 02)747-9847
이메일 sajayang2021@gmail.com   **홈페이지** https://sajayang.modoo.at

한국어판 ⓒ사자와어린양, 2021

ISBN 979-11-976063-1-1 03230

＊사자와 어린 양이 뛰놀고 어린이가 함께 뒹구는 그 나라의 책들＊